Gabriela Löbe

ZUFALL UND VORURTEIL

Für Schälli

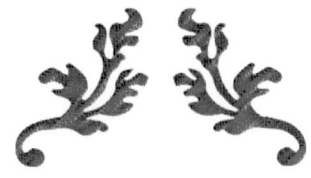

GABRIELA LÖBE

ZUFALL UND VORURTEIL

EIN BRUNNEN KOMMT SELTEN ALLEIN

Bibliografische Information der Deutschen Nationalbibliothek:
Die Deutsche Nationalbibliothek verzeichnet diese Publikation
in der Deutschen Nationalbibliografie; detaillierte bibliografische
Daten sind im Internet über dnb.dnb.de abrufbar.

© Gabriela Löbe

Abb. 3 und 4: © The Wallace Collection, London

Abb. 1-2, 5-16 Gabriela Löbe

Coverdesign: Herbert Herfordt und Gabriela Löbe

Herstellung und Verlag:
BoD – Books on Demand, Norderstedt

ISBN 978-3-7392-4348-1

Danke

Von ganzem Herzen möchte ich mich bei meinen Freunden bedanken, die mit mir unermüdlich und voller Vertrauen durch Paris gezogen sind und all diese kuriosen Geschichten miterlebt haben.
All Eure Begeisterung hat mich motiviert, diese Geschichten aufzuschreiben.

Zu unendlichem Dank bin ich meinem Mann verpflichtet, der mir den Rücken frei gehalten, mir Mut gemacht und mit seinen Kritiken und Ideen meine Arbeit beflügelt hat.

Vorwort

Wer Paris liebt, wird sich hier an vielen Stellen und in manchen Situationen wiederfinden.
Aber wer kennt nicht die Auffassung, „ohne französische Sprachkenntnisse kann *man* nicht nach Paris (oder Frankreich) fahren?" Und wer hat nicht auch schon einmal die Meinung gehört, „die Franzosen sind unfreundlich" – obwohl der- oder diejenige noch nie in Paris war?

„Es war die große Aufgabe meines Lebens, an dem herzlichen Einverständnis zwischen Deutschland und Frankreich zu arbeiten…" *(Höhn, 2010)*

Ich bin zwar kein Heine und das Buch ist auch nicht mein Lebenswerk, dennoch liegt es mir sehr am Herzen, die leider noch bestehenden Vorurteile gegenüber den Franzosen abzubauen.

Die ganzen Informationen in diesem Buch basieren auf umfangreichen Recherchen, die nicht immer ganz einfach waren. Übersetzungs-, Übermittlungs- oder Schreibfehler galt es zu eliminieren.

Mit freundlicher Unterstützung von Eau de Paris sind die Angaben zu den Brunnen auf dem aktuellen Stand.

Aber nun darf auch mal gelacht werden.

Inhaltsverzeichnis

1. London, Hertford House 9
2. Unkraut 21
3. Ein Traum wird wahr 27
4. Der Trick mit dem Ring 37
5. James Brown hat Schuld 47
6. Paris ist schmutzig 53
7. Schneeflocken auf dem Friedhof 60
8. Pariser Wahrzeichen 66
9. Der falsche Friedhof 76
10. Heines Geburtstag 81
11. Scheißkerl, Arschloch, Bastard 88
12. Die Bildbände 107
13. Mit Krücken in Paris 114
14. Sir Richard Wallace 119
15. Die Wallace-Brunnen 124
16. Chateau Bagatelle 135
17. Die Wunderheilung 144
18. St. Patricksday 150
19. Die Franzosen sind unfreundlich 157
20. Aufstellorte 165
21. Literaturverzeichnis 180

Ich bin kein neuer Reicher, ich bin ein ehemaliger Armer

Coluche

1. London, Hertford House

Es klingelt an der Haustür. Meine Nachbarn holen mich pünktlich ab, um mit mir zum Flughafen zu fahren.
„Wo ist denn Dein Gepäck?" fragt Marianne verwundert, während Wolfgang schon die Kofferraumklappe geöffnet hat.
„Das hat Richard schon im Auto mitgenommen. So ist es weder Ballast für mich noch kostet es extra Gebühren bei meinem Billigflug".
Die Haustür ist für eine Woche verschlossen.
Ganz entspannt sitze ich hinten im PKW und genieße die Fahrt durch unsere grüne Landschaft, vorbei an saftigen Feldern und Weiden, durch Eichenwäldchen, durch unsere Gemeinde.
Es war vor 15 Jahren eine gute Entscheidung, von Bremen hier aufs Land zu ziehen. Ruhe, Freiheit, Entspannung – diese Vorzüge haben wir hier. Kultur und Action ist in 30 oder 40 Minuten zu haben, je nachdem, ob wir nach Bremen oder Hannover fahren wollen.
Einen Nachteil gibt es natürlich auch:
man braucht ein Auto.
Mit öffentlichen Verkehrsmitteln erreicht man den Bahnhof nur mit Umsteigen 4mal am Tag. Der Schulbus fährt nicht am Wochenende. Der gerade eingerichtete Bürgerbus fährt selten.
Taxi ist teuer.
Von meiner Haustür bis zum Flughafen würde ich einschließlich Umsteig- und Wartezeiten fast 4 Stunden unterwegs sein. So bin ich froh, daß die Nachbarschaftshilfe wunderbar klappt.

Marianne und Wolfgang verbinden die Fahrt nach Bremen mit einem Theaterbesuch.
Wir schwatzen während der 35minütigen Fahrt über ein paar organisatorische Dinge wie Blumen gießen und Briefkasten leeren während meiner Abwesenheit.
Auf der Autobahn ist wie meistens nicht viel Verkehr, auch das ist ein Vorteil hier oben im Norden.
Marianne und Wolfgang setzen mich am Flughafen ab und wünschen mir bzw. uns für die kommende Woche viel Spaß.
Ich will jetzt nach London fliegen, um mich dort mit meinem Mann Richard zu treffen, der eine Woche in der Nähe von London eine Fortbildung besuchte.
Da wir beide sehr gern in London unterwegs sind, treffen wir uns dort immer nach seiner Fortbildung, um noch ein paar Tage Urlaub zu machen.
Von Bremen ist man ruckzuck in London.
Zunächst muß ich erst einmal einchecken.
Kaum stehe ich unter diesem Rahmendedektor, piept es in höchstem Tönen.
Ich hätte es wissen müssen: meine Kleidung war so was von unpassend, unpassender geht es gar nicht!
Mein Shirt ist über und über mit Metallplättchen versehen, die passende Leggings ist ebenfalls mit Hunderten dieser Metallplättchen bestückt, mein Minirock übersät mit Nieten und Pailletten, meine Sneakers setzen dem Ganzen den I-Punkt darauf.
Unter Geleit werde ich in einen Nebenraum geführt. Dort darf ich mich fast nackt entkleiden und meine Sachen werden nach Spuren von Drogen und Sprengstoff geprüft, wie ich auf Nachfrage erfahre.
An der Tür wacht ein wunderschöner Schäferhund, der mich nicht aus den Augen läßt.

In mir will der „Hundeflüsterer" ausprobieren, ob mich der Schöne zur Tür hinauslassen würde. Aber was will ich dort ohne meine Klamotten.
Der ganze Test war negativ, ich darf mich wieder anziehen.
Als ich fertig bin, geleitet man mich hinter den Schaltern direkt zur Tür, die auf das Flughafengelände führt.
„Den Letzten beißen die Hunde", aber „die Letzten werden die Ersten sein" fiel mir dazu nur ein, denn ich konnte nunmehr als Erste über den Platz zu unserer Maschine laufen und einsteigen.
Da die Billigflieger eine Extra-Gebühr für den Sitzplatz verlangen, hatte ich keinen Sitzplatz gebucht, irgendwo würde ich ja wohl sitzen.
Dafür hatte ich nun die Auswahl, was viel schlimmer war.
Gleich vorne? Ganz hinten?
Na, jedenfalls wählte ich einen Fensterplatz, um während des Fluges auf das Wasser schauen zu können und beim Anflug vielleicht einen Blick auf London zu erhaschen.
Neben mich setzten sich zwei Jungs – vielleicht 15 Jahre alt -, die sich sehr souverän verhielten, als wären es Vielflieger. Beide tauschten sich Bilder über ihre Tabletts aus und besprachen ihre Tage in London und Umgebung. Sie waren sehr beschäftigt.
Jetzt, am frühen Nachmittag, scheint die Sonne. Ein ruhiger Flug brachte mich in kürzester Zeit nach Stansted.
Dort war die Hölle los, so voll hab ich den Flughafen noch nie erlebt!
An dem Wochenende findet im Battersea Park ein sehr großes open-air-concert mit Aerosmith und Joe Bonamassa (die ich gerade live im Konzert gesehen hatte) sowie in Wimbledon ein noch größeres Tennisturnier statt.

Es dauerte ewig, bis ich die Sicherheitskontrolle passieren konnte.
Aber jetzt saß ich endlich im Stansted-Expreß und freute mich, meinen Mann gleich im Hotel zu treffen. Es liegt etwas außerhalb, war aber regelrechter Luxus im Vergleich zu den für den gleichen Preis buchbaren, dafür aber kleineren hellhörigen Butzen in der Innenstadt.
Wir wohnten in einem riesigen eleganten Zimmer, konnten in der Schwimmhalle unsere morgendlichen Runden drehen und danach ausgiebig vom Büffet frühstücken.
Jetzt aßen wir aber erst einmal Abendbrot im Pub des Hotels. Uns wurden Tapas empfohlen, die wir auch wählten. Spanische Küche ist immer eine gute Entscheidung.
Allerdings war es um uns herum laut, es wurde geschrien, gejubelt und geschimpft: auf mehreren Bildschirmen konnten die Hotelgäste die Fußball-WM verfolgen.
England war schon rausgeflogen. Frankreich und Deutschland hatten noch alle Chancen für die Endrunde. Die Engländer feuerten bei den letzten Entscheidungsspielen aber lieber die Deutschen als die Franzosen an.
(Den puren Nervenkitzel erlebten wir während unserer Heimfahrt auf der Fähre Dover-Calais, da spielte gerade Frankreich gegen Deutschland.)
Ich ging zum Rauchen vor die riesige Tür der Empfangshalle des Hotels und bat die nächststehende Person um Feuer, da ich im Flieger kein Feuerzeug mitnehmen durfte.
Erst nachdem meine Zigarette brannte, bemerkte ich, daß es eine Braut war, die ich angesprochen hatte.
Aus einer Gruppe löste sich ein ganz Schwarzer und kam auf uns zu, begleitet von einigen muskulösen jungen Männern. Er

wurde mir vorgestellt als der Prinz von irgendeinem afrikanischen Land, ich hab es leider vergessen. Die jungen Männer bildeten offensichtlich seine Leibgarde.
Jetzt fielen mir auch die vielen Luxuslimousinen auf, die vor dem Hotel parkten. Und die vielen dunkel Pigmentierten im Hotel, die ich beim Hereinkommen gar nicht wahrgenommen hatte, da meine Augen lediglich nach meinem Mann Ausschau hielten.
Ich bedankte mich eiligst für das Feuergeben, wünschte beiden viel Glück und ging in den Pub zurück. Meine Sorge war nämlich, daß ich vielleicht zu dieser Hochzeitsfeier eingeladen werde, da das in diesen Ländern so Tradition ist. Und dazu hatte ich jetzt gar keine Lust, gab es doch noch eine Menge zu erzählen, was mein Mann in dieser Woche alles erlebt hat.

Beim opulenten Frühstück am nächsten Morgen besprachen wir unsere Pläne für London, dazu hatten wir am gestrigen Abend wegen des Fußballtrubels gar keine Gelegenheit mehr gefunden.
Bei allen Reisen durfte sich immer jeder von uns beiden ein Ziel aussuchen.
Richard wünschte sich, im London-Eye zu fahren, um einen Blick über London und die Themse zu werfen.
Ich hatte mir vorgenommen, auf alle Fälle das Hertford House zu besichtigen. Und das wissenschaftliche Museum. Und das Museum Victoria & Albert.
Mein Mann ist geduldig und ungeduldig zugleich. Er gönnt mir großzügig meine Wünsche und kann es andererseits kaum erwarten, zu sehen, was ich da ausgesucht habe.
So liefen wir zügig zum Bahnhof, den wir in 5 Minuten erreichten.
Der Vorortzug nach London City war es proppenvoll.

In dem Waggon, in den wir eingestiegen waren, saßen lauter bunt geschminkte und wie zum Fasching verkleidete Männer, mischten Cocktails aus Zutaten, die in –zig Tüten verteilt herumstanden, und lachten über Alles und Jedes.
Von Kostümen war alles vertreten: vom Maikäfer über eine Nonne, vom Superman bis zum Gartenzwerg, eine Indianerbraut und ein Pirat waren auch dabei.
Ich dachte zuerst, die fahren zu einer gay-Party.
Unser freundliches Grinsen animierte sie, uns in ein Gespräch zu verwickeln.
So erfuhren wir schließlich, daß sie zu einem Rugby-Spiel fahren. Und wer verkleidet kommt, braucht keinen Eintritt bezahlen! Nichts mit gay.
Sie luden uns ein, mitzukommen, aber wir konnten uns von jetzt auf gleich nicht verkleiden und wollten uns doch lieber London ansehen.
Noch bevor sie ihr Fahrtziel Richtung Stadion erreichten, räumten sie ordentlich alle Flaschen, Gläser, Obstreste, Löffel, Messer, Trinkhalme zusammen und stiegen anschließend aus. Als sie alle auf dem Bahnsteig standen, konnte ich sehen, daß es ungefähr 50 Männer waren, die sich nun winkend und laut singend von uns verabschiedeten.
Wenn ich mir heute die Fotos ansehe, muß ich immer noch lachen!
Kurz danach waren auch wir an unserem ersten Ziel.
Wir starteten mit einer Fahrt im 135m hohen London-Eye. Es war viele Jahre das höchste Riesenrad der Welt, jetzt ist es nur noch das höchste Europas.
Das ist schon ein komisches Gefühl, in den großen Kabinen langsam nach oben zu schweben!

Eine ganze Weile hielt das Aussichtskabinenriesenhochrad immer wieder auf der Fahrt, bis alle Kabinen neue Besucher als Fahrgäste aufgenommen hatten.
Von ganz oben sahen wir die „udder belly" – die wie ein Luftballon aufgeblasene lila Kuh, die umgedreht auf einem Platz stand und als riesiges Veranstaltungszelt dient.
Wir kannten sie schon vom letzten Jahr in Brighton, allerdings konnten wir sie dort nur von unten bewundern. Von oben sah es komisch aus, wie sich das Euter gen Himmel reckt!
Auf der westlichen Seite der Themse öffnete sich uns der Blick auf die Stadt. Westminster und Parlament grüßten herüber. Den Hyde Park konnte man gut ausmachen, viele andere touristische Ziele verschwammen im Meer der Häuser.
Die Tower Bridge auf der anderen Seite konnten wir gerade noch so erkennen.
Am nördlichen Horizont sah man die gigantischen Neubauten in ausgefallener Architektur. Da hinten muß auch irgendwo das Olympiastadion sein.
Langsam kamen wir wieder unten an der Plattform an.
Wir verließen die Kabine und liefen über die Brücke zur Westminster Station.
Von hier fuhren wir mit der tube zum Museum der Wissenschaften.
Dort mußte ich etwas nachholen:
die genaue Zahl der unterschiedlichen Kopfformen, die es gibt, nachlesen.
Ich wußte nicht mehr genau, waren es 54? Oder 56?
Und den Namen des Wissenschaftlers aufschreiben, der an dieser Studie geforscht hat.
Das war insofern wichtig für mich, weil mir niemand glaubt, daß es nur eine bestimmte Anzahl von Kopfformen geben soll.

Seit meiner Jugend habe ich nämlich den Tick, wenn ich Jemanden sehe, oft zu sagen, der sieht wie aus wie der und der, bzw. die sieht aus wie...

Meinen Mann nervte das total. Bis er - wohlgemerkt **er** - hier in diesem Museum in einer Vitrine einen Schaukasten aus Holz mit diesen Köpfen, die 1831 in Dublin hergestellt worden sind, entdeckte und mich darauf aufmerksam machte.

Gemeinsam lasen wir nun, daß der deutsche Phrenologe (Gehirnforscher) Caspar Johann Spurzheim (1776 – 1832) nach wissenschaftlichen Studien der Meinung war, es gibt nur **60** verschiedene Kopfformen bei den Menschen. *(History of Phrenology, 2016)*

Die Studie ging so weit, aus verschiedenen Hirnbereichen und deren Größe auf bestimmte Kompetenzen zu schließen. Also z.B. Kreativität, Wissenschaft, Sex, Sprachen, Verbrechen, Güte, Gefühle und viele mehr.

Daraus wollte man ableiten können, welcher Kopf typisch für einen Wissenschaftler, einen Ingenieur, einen Verbrecher oder einen Rechtsanwalt ist.

Diese Forschungsergebnisse waren sehr umstritten und wurden (jedenfalls offiziell) eingestellt.

(In einem schwedischen Krimi fanden die Ermittler als Tatwaffe eine weiße Büste, deren Hinterkopf mit einem Linien-Netz bemalt war, dessen Felder mit Buchstaben und Ziffern beschriftet waren.

„Was bedeutet diese Malerei?" fragte ein Kommissar.

„Das ist Phrenologie" erklärte seine Kollegin.

Ich bin nicht sicher, ob alle Zuschauer damit wirklich etwas anfangen konnten...)

Der Aufenthalt in diesem Museum war nur kurz, wir kannten es bereits von mehreren Besuchen. Was nicht heißt, daß es nicht interessant ist, aber heute standen noch zwei andere Museen auf unserem Programm.
Das Victoria & Albert Museum befindet sich fast gegenüber.
Wir hatten es gerade betreten, da fiel mir ein gigantischer Kronleuchter ins Auge.
„Das ist ja ein Chihuli!" entfuhr es mir überrascht.
Wie aus dem Nichts stand plötzlich ein Museumsführer neben mir und freute sich offenbar, daß jemand Chihuli kennt.
„Sie sind die erste, die das sofort erkannt hat!" sagte er.
Naja, wir hatten gerade in Florida seine Ausstellung gesehen, eine show-Werkstatt besucht sowie einen Film über seine Arbeit und seine weltweiten Ausstellungen gekauft.
Für mich ist der Amerikaner Chihuli der ungewöhnlichste und kreativste Glaskünstler der Welt.
Und eine seiner Glaskreationen hängt jetzt hier im Foyer des Victoria & Albert Museums.
Von dem freundlichen Herrn erhielten wir sodann eine ganz persönliche Führung. In *einer* Abteilung, denn das Museum ist gigantisch. Und beeindruckend. Es war anstrengend, so viele Exponate anzusehen.
Wir pausierten schließlich im Garten-Restaurant, welches idyllisch im Innenhof gelegen ist.
Auch hier war es voll, viele Menschen warteten an den Tresen, um etwas zu Trinken oder zu Essen zu bestellen.
Die Snacks sahen nach nichts Besonderem aus, dafür waren sie sehr teuer. Das hatte den Vorteil, plötzlich keinen Hunger mehr zu verspüren.
Also, nur etwas trinken und dann zum Hertford House laufen.

Das war mein spezieller Wunsch, hier wollte ich etwas ganz Bestimmtes sehen.
Ich hatte in den letzten Tagen viel über dieses Museum gelesen und war jetzt voll freudiger Erwartung.
Es befindet sich in der Nähe der Oxford Road, Haltestelle Bond Street, vorbei an den Geschäftsräumen des Designers mit dem Krokodil (oder ist es ein Alligator?) am Manchester Square.
Wir sind auf dem Weg zum Hardrock Café schon –zig mal hier vorbeigelaufen. Das Schild „Hertford House" hab ich entweder nicht gesehen oder nicht wahrgenommen.
Ich hatte nie zuvor etwas gelesen, was mich neugierig gemacht oder gar auf die Existenz dieses Museums hingewiesen hätte.
Bis vor kurzem wußte ich auch nicht, daß es eine der größten privaten Kunstsammlungen der Welt beherbergt.

Das ursprüngliche „Manchester Haus" wurde zwischen 1776-1788 für den 4. Herzog von Manchester gebaut, weil es eine gute Entenjagd in der Nähe gab. *(Wallacecollection, 2016), (Wallace-Collection, 2016)*
1791-95 wurde es als spanische Botschaft genutzt und bald danach, im Jahre 1797, erwarb der 2. Marquess of Hertford (1743-1822) den Mietvertrag für das Haus.
Der 2. Marquess verwendete das Haus als seine wichtigste Londoner Residenz.
Der 3. Marquess (1777-1842), Earl of Yarmouth, war ein enger Freund des Prinzen von Wales.
In 1836-51 wurde das Haus durch den 3. Marquess ebenfalls der Französischen Botschaft überlassen.
Der 4. Marquess (1800-1870) lebte überwiegend in Paris und verwendete Hertford House als Speicher für seine zunehmende Kunstsammlung. Sein unehelicher Sohn Richard Wallace brachte während der Pariser Revolution erhebliche Teile seiner

Pariser Sammlung hierher in Sicherheit und ließ das Haus sanieren.
Nach seinem Tod wurde das Haus durch das Office of Works in ein öffentliches Museum umgewandelt und als Museum am 22. Juni 1900 eröffnet.
Saniert wurde es von Rick Mather Architects als Jahrhundertprojekt im Jahr 2000.
Hertford House Wallace Collection bietet nun den Besuchern neben der eindrucksvollen Kunstsammlung (prächtiges Sèvres-Porzellan und die überdimensionalen raffinierten Kaminuhren wollte ich mir genauer ansehen, mein Mann interessierte sich besonders für die Waffen und Rüstungen aus aller Herren Länder) auch neue pädagogische Möglichkeiten und ein elegantes Restaurant.
Wir erreichten Hertford House, welches umrahmt von herrlich blühenden Rhododendron in der Sonne strahlte.
Ich zückte meinen Fotoapparat, denn ich wollte gleich etwas fotografieren, worauf ich schon die letzten Tage wie gespannt gewartet hatte:
Am Ende der Auffahrt, rechts neben dem Eingang, steht eine wunderbare grüne Skulptur.
Gerade als ich davor stand und nach den besten Lichtverhältnissen zum Fotografieren suchte, kam ein Herr vom Eingang auf mich zu.
„Sie wissen, was das ist?" wurde ich höflich von dem livrierten Herrn gefragt.
„Ich komme gerade aus Paris", entgegnete ich stolz, als wenn ich gerade die Millionenfrage beantwortet hätte.
„Dort wollte ich eigentlich meiner Freundin nur das Heinrich-Heine-Grab zeigen, habe aber aus Versehen - oder durch glückliche Zufälle – diese Skulptur entdeckt und danach alles über ……"

Mein Mann unterbrach mich, hakte mich unter und zog mich sanft zum Eingang. Er fürchtete wohl, daß ich dem netten Herrn die ganze Geschichte, wie wir die Brunnen fanden, wie ich auf Sir Richard Wallace aufmerksam wurde, was ich über sein Leben gelesen habe, was wir sonst noch alles in Paris erlebten, erzählt hätte!
Und das hätte Stunden dauern können!

Ich weiß nicht, wieviel Zeit uns noch bleibt,
aber was spielt Zeit für eine Rolle, wenn Du Freunde hast

Coluche

2. Unkraut

Meine Freundin Schälli verbrachte eine ganze Woche ihres Sommerurlaubs auf unserem Hof, vorrangig, um meinen Löwenzahn auszurotten.
Sie hüpfte über die Wiese, die ca. 3000m² groß ist, also wirklich kein kleiner Garten. Da sie nur 52 kg bei normaler Körpergröße wog, kann ich diese Bewegung wirklich als Hüpfen bezeichnen. Außerdem schien es mir auch Ausdruck ihrer Lebensfreude zu sein, denn trotz aller Sorgen und Probleme ging sie nie gebeugt oder schwerfällig.
Sie selbst hatte keinen Garten und beteuerte mir immer wieder, daß diese Art von Gartenarbeit die totale Entspannung für sie sei.
Dabei schaute sie glücklich oder eher kämpferisch und siegesbewußt auf die Wiese, nach der Devise: „ich finde euch und kriege euch".
Selbst wenn sich das Kraut noch so flach an den Boden schmiegte, wurde es von meiner Freundin spätestens am nächsten Tag, wenn sich die Pflänzchen wieder aufrichteten, entdeckt.
„Der Kaffee ist fertig!" rief ich über die Wiese.
Schälli lachte, stellte den Eimer weg und kam zu mir auf die Terrasse, gehüpft natürlich.
Sie setzte sich neben mich und strahlte. Sie war gern bei mir, war hier wie zu Hause.

Immerhin kennen wir uns seit 42 Jahren, seit unserer Berufsschulzeit. Ganz schön lange her!

Ich war damals am allerersten Schultag zu spät zum Unterricht gekommen. Unser Klassenlehrer freute sich aber, denn nun endlich war seine Klasse komplett.
Nur neben Schälli war noch ein Platz frei, so daß ich mich also neben sie setzen mußte. Für mich war das kein Problem, ich hätte mich überall hingesetzt. Aber sie hatte schon von meinem Anblick ein ungutes Gefühl.
Sie war vom Land und ich ein Leipziger Großstadtkind, unterschiedlicher hätten wir nicht sein können. Das bezog sich nicht nur auf die Kleiderordnung, das umfaßte auch die Lebenseinstellungen, Erfahrungen, Erlebnisse. Das Umfeld prägt eben den Menschen.
Aber im Laufe der Zeit lernten wir voneinander, ergänzten uns und wurden sehr gute Freundinnen.
Gemeinsam haben wir die Freizeit gestaltet, sind zu Konzerten gegangen, haben im Ferienlager zusammen gearbeitet, haben uns während des Studiums gegenseitig besucht, zusammen gefeiert, schwere Zeiten ausgehalten, uns getröstet.
Ich habe auf ihrer Hochzeit getanzt, die ein Desaster war, habe ihre beiden Mädels aufwachsen sehen, ihre Scheidung miterlebt, ihre Enttäuschung nach dem Parteieintritt (man konnte in diesem Staat nichts ändern, wenn man **in** der Partei war) und nach der Wende den Rausschmiß aus dem Schuldienst mitgefühlt.
Daß ihr Haar grau ist, liegt entweder an den ganzen Aufregungen ihres Lebens oder ist genetisch bedingt.
Denn mein Leben war auch nicht einfach, aber bislang habe ich nur drei Haare an der rechten Schläfe, die nicht grau sondern total weiß sind.

Das ganze Leben scheint sich auch in ihrem Gesicht abzuzeichnen, wie ich es selten bei anderen Menschen erkennen konnte.
Jede Falte ist eine Geschichte. Oder genetisch bedingt.
Auch jedes Gefühl meiner Freundin spiegelt sich in ihrem Gesicht wider.
Und sie hat viele und sehr intensive Gefühle. Egal ob hocherfreut, böse, enttäuscht, entsetzt, erschrocken, ungläubig, verträumt, ergriffen, gerührt, vor allen Dingen sehr oft gerührt - ich kann in ihrem Gesicht lesen, wie in einem Buch.
Es gibt keine Geheimnisse zwischen uns, wir kennen uns einfach sehr gut.
Das Schönste für uns ist, daß wir so intensiv streiten können. Streiten im positiven Sinne von Auseinandersetzen z.B. über ein Buch.
Die längste Auseinandersetzung, die wir hatten, dauerte 3 Jahre, allerdings mit einer Unterbrechung.
Über das Buch „Die Wand" gingen unsere Meinungen weit auseinander, die Diskussion darüber begruben wir letztendlich.
Für immer.
Zumindest für ein paar Wochen…
Wenig später wurde nämlich das Buch verfilmt (eigentlich nicht machbar, dachte ich und viele andere auch) und die Diskussion startete erneut bis sie in Tränen endete.
Das tut einer guten Freundschaft aber keinen Abbruch. Man muß ja nicht immer einer Meinung sein.
Nach getaner Gartenarbeit kochen und essen wir gemeinsam, danach sehen wir uns irgendein schönes Konzert auf unserer großen Leinwand an.
„Was möchtest Du denn heute Schönes sehen?" fragte ich Schälli.
Sie schaute mich entgeistert an.

„Na, was schon! Du weißt doch genau, was ich gerne sehen möchte!"

„Ja, aber ich kann ja wohl höflich fragen" entgegnete ich scheinheilig.

„Du? Und höflich?" entfuhr es ihr. „Na, das ist ja ganz was Neues!"

Natürlich wußte ich, was sie gerne sehen wollte. Und ich natürlich auch. Darauf freute ich mich schon die ganze Zeit. Denn mein lieber Ehemann versteht kein Wort der französischen Sprache und ist deshalb nicht sehr begeistert, wenn ich französische Konzerte höre oder sehe.

Unabhängig davon ist er der Meinung, die Franzosen können keine Rockmusik machen.

Aus diesem Grund nutzen wir seine dienstliche Abwesenheit immer aus, um die Konzerte bei voller Lautstärke – so etwas geht auch nur hier, wo die Nachbarn weit genug voneinander weg wohnen - wirklich genießen zu können.

Heute war „Johnny Halliday live am Eiffelturm" wieder einmal an der Reihe.

Es ist immer wieder beeindruckend, wie viele Menschen zu diesem Konzert an den Eiffelturm gekommen waren und sich auf den Champs de Mars und ringsherum verteilten.

Die Zeitung berichtete von 2 Millionen Zuschauern, es gab auch Quellen, die von 4 Millionen Menschen berichteten.

Genau konnte man es nicht ermitteln, da es keine Eintrittskarten gab.

Das Konzert war ein Geschenk von Johnny an seine geliebten Franzosen zum Millennium.

Dieses Konzert mit all seinen Gästen auf der Bühne war schon ein richtig grandioses Spektakel. Wenn man, wie wir, auch Feuerwerk mag, so konnte man ein solches hier richtig genießen.

Der Eiffelturm wurde hierbei richtig in Szene gesetzt.

Wir kuschelten uns also in die Sessel, hatten unseren Rotwein in Reichweite und dann tauchten wir ein in die Welt der französischen Rock – und Popmusik sowie ihrer Chansons und Balladen.

„Wenn mir vor 40 Jahren jemand geweissagt hätte, daß ich einmal mit Dir im Westen auf dem Sofa sitzen und ein Johnny-Halliday-Konzert sehen werde, dann hätte ich den für total verrückt erklärt!" ereiferte sich Schälli.

Wir sangen um die Wette mit, wenn man das als Singen bezeichnen kann, was wir von uns gaben, und tankten von der Kraft auf, die Johnny ausstrahlte.

Der Kerl hat aber auch eine gewaltige Stimme! Und bringt so viele Gefühle zum Ausdruck!

Kein Wunder, daß die Zuschauer völlig hingerissen sind, ja zum Teil die Tränen über die Gesichter der harten Kerle kullern.

Nach dem Konzert, das meine Freundin wieder in eine total glückselige Stimmung versetzt hatte, schaute sie mich an und sagte wehmütig:

„Du warst schon so oft in Paris! Ich möchte auch **einmal** in meinem Leben nach Paris".

Nach einer Pause fügte sie leise hinzu: „aber das kann ich mir nicht leisten".

Ich überlegte kurz und erwiderte: „Spar ein Jahr lang jeden Monat 20€. Zur Not rauchst Du eben etwas weniger und dann fahren wir beide in einem Jahr nach Paris!"

„Und das soll reichen?" fragte sie ungläubig.

„Ja" sagte ich, „laß Dir zum Geburtstag, zu Weihnachten und Ostern von Deinen Kindern, Deinen Freunden und Kollegen Geld-Gutscheine statt irgendwelcher Steh-im-Wegs schenken, dann kannst Du davon die Zugfahrt und das Hotel bezahlen. Und vielleicht reicht es sogar noch für ein Konzert. Und ob Du

nun zu Hause ißt oder eine Kleinigkeit in Paris, Kostgeld gibst Du sowieso aus."
Sie schaute mich ungläubig an, war aber von der Idee total begeistert.
Motiviert war sie sowieso, denn als Deutschlehrerin schwärmte sie für Heinrich Heine und wollte unbedingt einmal an seinem Grab stehen.
Bislang hatte sie es immer für unwahrscheinlich gehalten, sich diesen Traum erfüllen zu können.
„Die meisten Menschen, die ich kenne, berichteten, Paris sei sehr teuer. Mit meinem kleinen Budget, welches mir als Alleinstehenden mit dem geringen Verdienst in der Erwachsenenbildung beim Berufsbildungswerk und mit Deutschkursen für Ausländer bleibt, kann ich wahrlich keine großen Sprünge machen."
(Sie wurde nach der Wende als Deutsch- und Geschichtslehrerin entlassen, wie so viele andere auch.)
„Aber ich werde es versuchen, wäre schön, wenn das alles klappen würde! Und Du würdest wirklich mit mir nach Paris fahren?" fragte sie noch einmal nach.
„Ja, klar, wir werden viel Spaß haben. Und ich mach das wirklich gerne für Dich, ich freue mich sehr, Dir Paris zeigen zu können!"
Aufgewühlt von diesen Gedanken fuhr sie am nächsten Tag wieder nach Hause.

Wenn man sich mit seiner Vergangenheit beschäftigt, läuft man große Gefahr, in Vergessenheit zu geraten

Coluche

3. Ein Traum wird wahr

Das Jahr des Sparens war noch nicht ganz um, da dachte ich mir, es wäre vielleicht gut, schon mal im Internet den Konzertplan der Pariser Bühnen zu durchsuchen.
Ein Konzert mit Raphael fiel mir ins Auge und ich war der Meinung, das könnte uns gefallen.
Seine Musik war mir von Freunden empfohlen worden und ich fand den jungen Musiker sehr sympathisch. Da sein Vater ein Russe ist und seine Mutter eine Argentinierin, vermischen sich beide Seelen in seiner Musik.
Den Titel „Caravan" spielten auch die deutschen Sender.
Jetzt rief ich Schälli an und fragte sie, ob sie zu dem Zeitpunkt Urlaub nehmen kann.
2 Tage später rief sie mich zurück, ihr Urlaub ist bestätigt worden.
Ich kaufte also online zwei preisgünstige Konzertkarten für *Raphael acustic* im Casino de Paris, einem kleinen plüschigen Theater, nur 5min Fußweg entfernt von „unserem" Hotel, in dem ich bisher immer gebucht hatte.
In diesem kleinen und - für Pariser Verhältnisse - sehr günstigem Hotel in Montmartre, dessen Zimmer nicht kleiner waren, als in all den anderen Pariser Hotels, der Aufzug allerdings so eng war, daß ihn immer nur eine Person mit einem Gepäckstück benutzen konnte, buchte ich nun auch ein Doppelzimmer.

Ich informierte mich über Tickets für den Thalys, die ich, da ich rechtzeitig buchte, für nur 29€ pro Strecke erhielt.
Jetzt stand unserer Reise nichts mehr im Weg.

Und schließlich war es soweit.
Meine Freundin reiste aus Magdeburg an, ich aus Richtung Bremen, wir trafen uns in Hannover und fielen uns vor Freude um den Hals.
Es war Februar, sehr kalt, hatte geschneit und die Züge hatten Verspätung. Die Anschlüsse klappten aber, Gott sei Dank!
„Meine Kolleginnen waren total begeistert, daß ich nun endlich nach Paris fahren kann, aber auch ganz entgeistert, daß wir im Februar fahren!" sprudelte Schälli los, nachdem wir unsere Plätze eingenommen hatten.
„Ja, nun, dafür gibt es mehrere Gründe:
1.: Februar ist außerhalb der Saison, da sind die Hotels wesentlich preiswerter. Und sparsam müssen wir doch sein, oder?
2.: um diese Jahreszeit sind nicht so viele Touristen in der Stadt. Da ist die Gefahr, daß wir durch die Menschenmassen getrennt werden, nicht so groß.
3.: wir müssen nicht stundenlang an den Kassen der Museen anstehen.
4.: die Blumen, die Du jetzt nicht siehst, weil sie *nicht* blühen, siehst Du im Frühling oder Herbst nicht, weil Du sie vor lauter Menschen nicht sehen kannst!
5.: im Sommer ist es so heiß, daß jeder normale Mensch aus Paris flüchtet!
Ich denke, Februar ist ein wunderbarer Monat für eine Parisreise!"
„Und wenn es sehr kalt wird und dolle schneit? Oder wenn keine öffentlichen Verkehrsmittel fahren?" fragte Schälli besorgt.

„Erstens liegt Paris südlicher als Magdeburg und zweitens ist es eine Weltstadt. Und die meisten Touren werden wir eh zu Fuß ablaufen!"
In Köln stiegen wir nach einem kurzen Aufenthalt in den Thalys um, der auch pünktlich abfuhr.
Wir tranken während der Fahrt nach Paris einen guten französischen Rotwein, schließlich hatten wir viel zu erzählen und davon wird der Mund trocken. (Obwohl wir von dem Rotwein auch einen trockenen Mund bekamen und vor allen Dingen extrem bourdeauxfarbene Lippen.)
Schälli seufzte und sagte „seit unserer Berufsausbildung träume ich nun schon von Paris!"
„Naja, in gewisser Weise hatten wir auch ein bisschen Glück", erwiderte ich.
„Wir hatten 3 Jahre Französisch und wir hatten eine wunderbare Lehrerin!"
„Wo ist nur die Zeit hin? Berufsausbildung, das waren noch Zeiten! Aber mir ist, als wäre es gestern gewesen!"

In Leipzig erlernten wir beide den Beruf eines Verkehrskaufmannes (heute müßte man darauf achten, daß es *Verkehrskauffrau* heißt!).
Da im Verkehrswesen Französisch Amtssprache ist, hatten wir wirklich das große Glück, Französisch lernen zu dürfen.
An allen Schulen in der DDR wurde Russisch als Pflichtfach unterrichtet, Englisch konnte man, wenn es denn einen Lehrer gab, fakultativ erlernen.
So lernten wir also die französische Sprache bei einer jungen Lehrerin, die gerade vom Studium kam, voll mit neuen Ideen für die Unterrichtsgestaltung, mit viel Liebe zum Beruf und ihren Schülerinnen.

Wir waren eine reine Mädchenklasse, 32 Mädchen und jede von uns sehr individuell. Wirklich, sehr individuell, um es mal nett auszudrücken! Es war nicht einfach mit uns, aber sie verstand es, uns zu begeistern.

Ihr Mann arbeitete an der Sorbonne und brachte aus Paris Bücher und Schallplatten mit, die Ina für den Unterricht verwendete.

Obwohl wir nicht nach Paris fahren konnten, was wir sehr bedauerten, kannten wir die Stadt bald sehr gut.

Und wie fast alle jungen Menschen träumten wir von Paris, der Stadt der Liebe.

Sehnsuchtsvoll schauten wir die bunten Bilder an und zogen in Gedanken am Eiffelturm vorbei, stromerten durch die Gassen am Montmartre oder im Quartier Latin. Malten uns aus, wie die Künstler am Place du Tertre stehen und Bilder malen, wie sich geistreiche Köpfe aus aller Welt im Café Flora oder Deux Magots trafen, wie die berühmtesten Schauspieler und -innen vorbei flanieren.

Aber wir waren eingesperrt in einem kleinen Land. Was uns blieb, war, von Paris weiter zu träumen...

In unserem Französischunterricht erfuhren wir aber auch viel von den Menschen, ihren Eigenheiten, ihrer Musik und ihrer Geschichte, ohne nach Paris oder Frankreich fahren zu können.

Diese Kenntnisse wurden in der Freizeit vertieft, das heißt, wir besuchten unsere Lehrerin Ina oft zu Hause, trafen uns bei französischem Rotwein und lernten französische Lieder, die ich heute noch singen kann, manche sogar bis zur vierten Strophe, was ich von deutschen Liedern leider nicht sagen kann. (Schande über mich!)

Da es wegen der Singerei und dem Rotwein oft sehr spät wurde, übernachteten wir mitunter bei ihr.

Das wurde von manchen Eltern und Lehrern sehr skeptisch beobachtet. Dies führte allerdings dazu, daß wir uns, sozusagen „nun erst recht", anfreundeten und auch zusammen in den Urlaub fuhren.

Zum Beispiel in das Betriebsferienlager auf Rügen oder nach Bulgarien.

Ina hatte ein Baby, welches sie die ersten Monate mit in die Schule brachte.

Wer von unseren Mädels gut in Französisch war, durfte mit dem Kinderwagen eine Runde spazieren gehen und vom Bäcker für die ganze Klasse Streuselschnecken für 10 Pfennige mitbringen.

Ina las uns im Unterricht von Francois Sagan „Bonjour Tristesse" vor, wir lauschten andächtig.

Sie spielte uns Johnny Halliday auf Schallplatte vor, von dem sie – und besonders von seinen blauen Augen - total schwärmte, den wir aber zu diesem Zeitpunkt zu ihrem Bedauern überhaupt nicht leiden konnten. Dieser „Wilde" mit seinem Rock 'n Roll war nichts für unsere sanften Gemüter.

Anders verhielt es sich bei Serge Gainsbourg und Sarah Birkin mit „Je t´aime".

Wir schmolzen dahin und hatten alle nur Sorge, daß die Musik durch die dünnen Pappwände der Baracke (unsere Berufsschule bestand aus mehreren Baracken, eine davon war das Internat, in dem auch Schälli „wohnte") zu hören war und sich irgendein Lehrer beschweren würde. Nicht, weil es zu laut war, sondern weil es Musik aus dem Westen war. Und noch dazu so „anrüchige".

Als es denn dann tatsächlich an der Tür klopfte, eine Deutschlehrerin hereinkam und mit aufgeregtem Blick vor uns stand, dachten wir, jetzt gibt es Ärger.

Aber nein, sie fragte, ob sie sich den Plattenspieler und die Platte ausborgen könne, ihre Klasse möchte das auch gerne hören!
Wir waren erleichtert. Natürlich durfte sich die Nachbarklasse auch „Je t´aime" anhören!
So ging denn die Deutschlehrerin mit dem Plattenspieler, den beiden Boxen und der Schallplatte unter dem Arm zurück in ihren Klassenraum, um ihre Schüler zu beglücken.
Monate später war Ina geschieden. Nicht wegen dieser Schallplatte, sondern weil ihr Mann eine andere Frau liebte.
Das konnten wir damals nicht ganz nachvollziehen, weil unsere Ina doch die beste Frau der Welt war, empfanden wir jedenfalls.
Wie kann man so eine Frau verlassen??? Es gab keine Antwort.
Mit ihr zusammen sahen wir im Kino „Szenen einer Ehe" mit Liv Uhlmann und Ingmar Bergmann und versuchten, die Probleme einer Ehe zu verstehen. Es gelang uns nicht. Wir waren offensichtlich noch nicht reif für eine Ehe.
Wochen später sahen wir auch gemeinsam „Sonnenblumen" mit Sophia Loren und Marcello Mastroianni.
Unser Verbrauch von Taschentüchern war enorm, es fehlte auch teilweise die Erinnerung an den Inhalt des Filmes, so sehr flossen die Tränen.
Diesen Film kennt kein Mensch! Schade eigentlich. Ein wunderbarer Antikriegsfilm.
(Mir war es gelungen, zufällig zu meinem 50. Geburtstag, diesen Film von einem Italiener abzukaufen, der diesen von einem Studio erworben hatte, um ihn seiner diesen Film verzweifelt suchenden Frau ebenfalls zum 50. Geburtstag zu schenken.)

Neben vielen Anekdoten mit unseren Lehrern, dem ganzen gemeinsam durchgestandenen Prüfungsstreß, Höhen und Tiefen während der Ausbildung, verarbeiteten wir vor allem diese

Emotionen gemeinsam, es verband uns und war der Grundstein für eine lang anhaltende Freundschaft.
(Übrigens haben wir aller 2 Jahre Klassentreffen, zu dem zwischen 15-20 Mädels und unsere Ina kommen. Der Altersunterschied fällt in unserem Alter nicht mehr auf und viele Außenstehende glauben, Ina sei auch eine ehemalige Schülerin...)
Nach so vielen Erinnerungen hatten wir Gründe genug, auf unsere Ausbildung und unsere Lehrer, ganz besonders auf unsere Ina, anzustoßen.
Nebenan im Großraumwagen des Zuges saß ein Mann, etwas jünger als wir, der die ganze Zeit geschäftstüchtig an seinem Laptop arbeitete.
Er nutzte wohl unsere Gesprächspause, lächelte uns an und zeigte uns Bilder auf seinem Laptop. Von Paris.
„Kennen Sie das?" fragte er.
„Ja, das ist die Geode in La Vilette" antwortete ich brav.
„Und das?"
„Das ist die Promenade in La Defense", konnte ich antworten.
„Das auch?"
„Nein!"
„Das ist Bercy Village, wunderschön, vor allem im Herbst, wenn das Weinlaub farbenprächtig die Pergolen überrankt - da müssen Sie unbedingt hin!" erklärte er.
„Das sieht wirklich toll aus! Ich dachte immer, hinter dem Bahnhof Lyon kommt nur noch ein riesiges Industriegebiet! Dieses Mal werden wir das nicht schaffen, aber wenn wir mal im Herbst fahren, besuchen wir dieses neue Viertel auf alle Fälle", versprach ich dem netten Mann.

„Ich bin so aufgeregt", fuhr Schälli fort „und neugierig! Gelesen hab ich inzwischen so viele Berichte, Meinungen gehört, Dokumentationen gesehen. Was stimmt davon? Ist Paris teuer? Schmutzig? Sind die Pariser unfreundlich?"
„Du wirst sehen. Laß Dich überraschen. Bis zur Heimfahrt werden wir Antworten finden."
Als wir in Paris gegen 18 Uhr ankamen, war es stockdunkel. Schälli hüpfte aus dem Waggon, stand auf dem Bahnsteig und weinte. Weinte vor Glück, nun endlich – im Alter von 59 Jahren - diesen Wunsch erfüllt zu bekommen, in Paris zu sein.
„Vor 40 Jahren hätte ich mir nie vorstellen können, jemals in Paris zu sein!" sagte Schälli.
„Das ging mir bei meinem ersten Besuch in Paris auch so", erwiderte ich verständnisvoll und holte tief Luft.
Sie fotografierte den Bahnsteig, den Zug, die Kandelaber, die Bahnhofsuhr.
Ich wartete geduldig, wir hatten Zeit. Sechs ganze Tage.
Nach einer Weile waren alle Passagiere entschwunden, wir standen außerhalb der Bahnhofshalle ziemlich einsam und unbemerkt. So zündeten wir uns eine Zigarette an, fielen uns nochmals um den Hals und dann ging es los, Richtung Metro. Angekommen am Place Chlichy stiegen wir die Treppen von der Metro nach oben. Ich stürzte zielsicher die dicht bevölkerte Straße entlang und freute mich, daß wir in 5min in unserem Hotel sein würden.
Nach 10 Minuten wurde ich stutzig. Die Ecke, wo wir abbiegen mußten, gab es nicht.
Wir hielten an und ich versuchte, mich zu orientieren.
Da es dunkel war, mir die Sonne keine Orientierung geben konnte und sich in Paris alle Plätze und Straßen und Häuser ähneln, war ich in Richtung Norden anstatt in Richtung Süden gelaufen.

Und das mußte ausgerechnet mir passieren, obwohl ich für meinen guten Orientierungssinn bekannt war und mich eigentlich auskennen mußte!

Ich hatte ein schlechtes Gewissen und spendierte ein Taxi. Da es nicht weit sein konnte, dürfte es auch nicht viel kosten.

Während der Fahrt hörten wir Musik aus dem Autoradio des Taxifahrers, die (nicht *der*!) uns beiden sehr gefiel.

Ich fragte nach dem Namen des Sängers, verstand aber den Fahrer nicht, da er sehr französisch nuschelte. Ich fragte noch einmal, verstand ihn aber wieder nicht.

Freundlicherweise schrieb er uns den Namen auf:

Alain Souchon.

Den Namen müssen wir uns merken!

Schließlich erreichten wir unser Hotel.

Wir bekamen unseren Zimmerschlüssel, quälten uns in dem engen Fahrstuhl nach ganz oben in die 4. Etage und freuten uns schon wieder: Ein sehr großes Zimmer und ein fast noch größeres Bad waren nun für ein paar Tage unser Zuhause.

Nach dem Abendessen, welches aus frischem Baguette, Rilette (einer Art Schmalzfleisch, aber von Ente oder Gans oder Huhn oder Schwein – und viel leckerer!) und Käse bestand, öffneten wir einen Kanister französischen Rotwein vom Händler an der Ecke.

Ich stellte den Fernseher an.

Schälli war als Erste ins Bad gehüpft und ich rief durch die Badtür: „Nach was für einer Sendung soll ich denn suchen?"

„Ach, ein bisschen Johnny Halliday könnte ich jetzt gut vertragen", antwortete sie lachend.

Aus den Fernsehlautsprechern tönte mir Musik entgegen und ich blickte fassungslos auf den Bildschirm: Johnny!!!

Meine Freundin kam naß und nackt aus dem Bad gerannt, nur mit einem hastig übergeworfenen Handtuch um den Bauch und starrte ebenfalls auf den Bildschirm.
„Hast Du eine DVD mitgebracht?" fragte sie mich entgeistert.
Nein, es war keine DVD sondern ein französischer Sender.
Wir waren beide sprachlos über so einen Zufall – als wenn jemand Gedanken lesen konnte - und genossen Konzertausschnitte, Interviews und alte Aufnahmen aus dem Studio und von live-Auftritten.
Schließlich bekamen wir mit, es war „Die-lange-Johnny-Halliday-Nacht".
5 Stunden wurden wir beglückt und aufgeklärt, warum er für die Franzosen so ein Idol ist.
Tiefglücklich und total müde schliefen wir irgendwann ein.

Stehlen heißt, man hat etwas gefunden, bevor es verloren wurde

Coluche

4. Der Trick mit dem Ring

Am nächsten Morgen lachte meine Freundin, kaum daß sie die Augen aufhatte und sagte, „wer hätte vor 40 Jahren gedacht, daß wir doch noch Johnny-Fans werden!"
„Daran ist eigentlich James Brown schuld!" erklärte ich.
„Wie war das eigentlich? Du hattest es mir zwar schon früher einmal erzählt, aber ich kann mich nicht mehr genau erinnern" fragte Schälli.
„Das erzähl ich Dir später, laß uns jetzt erst einmal losgehen!"
Wir gingen zum Frühstück in den Frühstückraum des Hotels und waren offensichtlich die letzten Gäste.
Es gab keine Baguettes und Croissants mehr, was aber kein Problem war.
Ein junger Mann rannte fröhlich lachend aus dem Hotel über die Straße zu einem Bäcker und 4 Minuten später standen frische Baguettes und duftende Croissants auf unserem Tisch.
Gestärkt und gut gelaunt starteten wir in den Tag, um Paris zu erkunden.
Es war strahlend blauer Himmel, keine Spur von Schnee.
Menschen aller Altersgruppen liefen aus allen Richtungen eilig an uns vorbei.
An der Metrostation war Gedränge.
Als die Metro eingefahren war, schoben sich die Leute in die schon volle Metro.

Vorsichtshalber hatte ich meiner Freundin, wie ich es immer mit meinen Freunden handhabe, einen Zettel in die Hand gedrückt, auf den ich die Station geschrieben hatte, an der wir aussteigen mußten.
Und die Haltestellen waren gezählt.
Und für den schlimmsten Fall, daß wir auseinander gerissen werden oder das Aussteigen verpassen, gab es eine Absprache: zurück mit der nächsten Metro oder nach einer halben Stunde vergeblichen Wartens mit dem Taxi zurück zum Hotel fahren.
Jetzt aber gelangten wir beide in den Gang und suchten einen Griff zum Festhalten.
Zwei Männer mittleren Alters, offenbar Einheimische, die aber nicht zusammen gehörten, standen auf und boten uns ihren Sitzplatz an.
Wir saßen uns gegenüber, fuhren 3 Haltestellen, dann stiegen wir um.
Die nächste Metro war genau so voll und das Procedere wiederholte sich.
Nachdem wir uns wieder bis zum Gang durchgezwängt hatten, schließlich fuhren wir jetzt 14 Haltestellen und hätten schon ganz gern einen Sitzplatz, standen zwei junge Leute, die miteinander schwatzten, auf und boten uns ihren Platz an. Diesmal saßen wir nebeneinander und freuten uns, dem Gedränge entkommen zu sein.
Wir fuhren nach La Defense, einem futuristischen Stadtteil mit der Grand Arche, von wo man einen tollen Blick auf die lange Achse mit Triumphbogen bis zur kleinen Arche vor dem Louvre hat und einen Eindruck von der Dimension dieser Metropole bekommt.
Im Zickzack liefen wir von einem futuristischen Gebäude zum nächsten.

In einem dieser Gebäude fanden wir eine Post, das war die ideale Gelegenheit, Briefmarken zu kaufen.
Am Schalter fragte ich aus Übermut nach Briefmarken mit dem Portrait von Johnny Halliday.
Ich hatte keine blasse Ahnung, ob es überhaupt Briefmarken mit seinem Portrait gab.
Der junge Mann am Schalter schaute uns verdutzt an, lief zum Tresor und kam mit 10 Briefmarken zurück, auf denen tatsächlich Johnny Halliday abgebildet war!
„Das sind aber die letzten", betonte er.
Sprachlos standen wir am Schalter und konnten es nicht fassen!
Was haben wir uns gefreut!!!
Der Postangestellte war von unserer Freude so beeindruckt, daß er uns noch Silikon-Handwärmer schenkte.
Nach dieser Aufregung haben wir uns eine Pause verdient.
In einem Café mitten auf der Promenade fragte ich am Tresen, ob wir auch draußen sitzen dürfen.
„Ja, natürlich."
Wir suchten einen Tisch in der Sonne, schoben einige Schneereste von den Stühlen, die wohl etwas abseits stehend kaum benutzt wurden, setzten uns auf Schal und Handschuhe, damit es nicht so kalt am Hintern ist und warteten auf unseren Kaffee.
Die Sonne war so warm, daß wir die Jacken öffneten.
Der Kaffee stand nun vor uns und dampfte.
Wir schauten über die Promenade auf die imposanten modernen Gebäude und hatten beide den Eindruck, daß trotz der vielen Kunstobjekte, die in einer open-air-Ausstellung jede Menge Farbtupfer bildeten, trotz der Bepflanzungen und ausgefallenen Springbrunnen (die jetzt nicht in Betrieb waren) so etwas wie die Seele fehlte.
Die Anonymität, das Fehlen von Geborgenheit und pulsierendem Leben animierten uns nicht, hier wohnen zu wollen.

In diesem Moment kamen drei männliche Gestalten mit Sturmhaube, Stahlhelm und schweren Automatikgewehren direkt auf uns zu gerannt.
Meine Freundin erstarrte und ihr verschlug es schon wieder die Sprache, aber diesmal vor Schreck.
Ich schlürfte in Ruhe meinen Kaffee weiter.
Die Jungs rannten an uns vorbei und so schnell wie sie aus dem Nichts auftauchten, waren sie wieder verschwunden.
Sie schaute mich verwirrt an und fragte „wieso bist Du denn so ruhig geblieben?"
„Ich dachte, die drehen einen Film" erklärte ich.
„Wie kommst Du denn darauf?" fragte sie noch verwirrter.
„ Ja, erstens wird in Paris fast jeden Tag irgendwo ein Film gedreht. Und zweitens habe ich mal schlechte Erfahrungen gesammelt, als ich dachte, es ist das reale brutale Leben und darauf reagiert hatte".
„Du sprichst in Rätseln!" schimpfte Schälli. „Das mußt Du mir erklären!"
„Nun, ich war in Leipzig bei meiner Mutter zu Besuch. Wir laufen durch die Innenstadt und kommen die Mädlerpassage entlang. In Höhe der beiden Figuren am Eingang zum Auerbachskeller kommt von vorn, also vom Alten Markt, ein junger Mann auf uns zu gerannt. Die Passage war voller Menschen, die entsetzt zur Seite sprangen. Ich hörte von der Straße jemanden „Haltet ihn!" schreien. In dem Moment habe ich mein Bein mit dem hochhackigen Stiefelchen zur Seite gestellt. Der junge Mann stürzte und fiel der Länge nach auf den Steinboden. Ich wollte mich auf ihn setzen, damit er nicht flüchten kann und sah mich in diesem Moment schon mit Heldenorden versehen in der Zeitung abgebildet. Stattdessen kamen von allen Seiten Personen gerannt, die sich zum Teil um den jungen Gestürzten kümmerten, da

seine Nase blutete und zum anderen mich umringten. Nicht, um mich zu loben, nein, ich bekam Mecker."
„Was bekamst Du?"
„Mecker, Gemeckertes, Schimpfe."
„Warum denn das?"
„Ich hatte den Filmhelden vom Tatort zu Fall gebracht. Alle waren sauer, die Szene mußte noch einmal gedreht werden. Woher sollte ich denn wissen, daß da ein Film gedreht wurde? Es stand ja nirgends ein Schild!"
„Und dann war alles vorbei?"
„Ich bekam eine Strafe."
„Was denn für eine Strafe?"
„Ich mußte mir zu Hause den Tatort ansehen. Und da wir ja keinen Fernseher haben, lud ich mich bei unseren Gästen in die Ferienwohnung ein. Der Abend hat mich zwei Flaschen Rotkäppchen – Sekt gekostet!"
„Wie hieß denn der Tatort eigentlich?"
„Rotkäppchen!"

(Am Abend im Hotel erfuhren wir in den Nachrichten, daß diese schwer bewaffneten Jungs einen Überfall auf eine Bank vereitelten. Nicht auf unsere Postfiliale. Die Johnny-Briefmarken waren eh ausverkauft.)

Mit einer leeren Metro, in der wir ohne Probleme 2 Sitzplätze fanden, fuhren wir zum nächsten Ziel.
Nach dem Aussteigen gingen wir die Stufen ans Tageslicht und durch die kahlen Bäume konnten wir den Eiffelturm schon sehen.
Die Sonne schien, der Himmel strahlte – das beste Wetter zum Fotografieren.

Vorbei an Hunderten von Souvenirhändlern gelangten wir unter den Eiffelturm. Der Blick nach oben ist faszinierend.
An den verschiedenen Eingängen, die sich in den Pfeilern befinden und entweder nur zum Restaurant oder zum Lift bis zur Plattform führen, standen, da ja im Winter Nebensaison ist, vielleicht NUR 80 Menschen.
Meine Freundin las die Eintrittspreise und überlegte, ob sie wirklich auf den Eiffelturm möchte.
Ich bot ihr an, mit mir zum Tour de Montparnasse zu laufen und dort auf die Aussichtsplattform zu fahren.
„Das ist nicht so teuer und Du hast einen besseren Blick. Du kannst weiter schauen und siehst den Eiffelturm in ganzer Schönheit von oben. Bist Du AUF dem Eiffelturm, siehst Du nicht viel von dem Turm. Glaub es mir, probiere es!"
„Ja, gut, dann machen wir das so!" antwortete sie.
Nach noch einigen (gefühlt waren es 100) Fotos vom Eifelturm liefen wir in Richtung Militärschule.
Es waren wenig Menschen unterwegs, ein paar Einheimische mit ihren Hunden und ein paar Touristen.
In der Mitte des Marsfeldes angelangt, drehte sich meine Freundin noch einmal um und fotografierte den Eiffelturm in voller Größe.
Da stand plötzlich eine fremde junge Frau vor mir, bückte sich und hielt einen goldenen Ring in der Hand.
„Den haben sie verloren!" sagte sie.
„Nein, ich habe keinen Ring verloren", entgegnete ich.
„Dann hat ihn jemand anderes verloren. Aber ich darf aus Glaubensgründen keinen Schmuck annehmen. Ich schenke Ihnen den Ring!" sagte sie und drückte mir den Ring in die Hand.
Im Blickwinkel sah ich meine Freundin mit den Armen herumfuchteln und seltsame Zeichen geben.

Da ich die fremde Frau nicht aus den Augen ließ, dachte meine Freundin, ich bemerkte ihre Zeichensprache nicht.
In mir waren aber schon alle Alarmglocken an.
Mal sehen, was jetzt passiert.
Der Ring in meiner Hand war groß, schwer und tatsächlich gestempelt.
Die fremde Frau ging weiter.
Meine Freundin war inzwischen zu mir gerannt und erklärte mir, im Fernsehen hat man gerade vor dieser Masche des Trickbetruges gewarnt.
Da drehte sich die fremde Frau auch schon um, kam zurück und sagte „wenn Sie schon so einen tollen Ring geschenkt bekommen, könnten sie mir vielleicht etwas Geld für ein Essen geben? Ich bin behindert und kann nicht arbeiten."
„Das tut mir aber leid, ich bin auch gläubig. Ich glaube nämlich, daß das Betrug ist" erwiderte ich und warf den Ring in hohem Bogen in die Grünanlagen.
Die junge behinderte Frau rannte wie neugeboren dem Ring hinterher und suchte ihn in dem Gebüsch.
Wir amüsierten uns über diese Wunderheilung und gingen untergehakt und schadenfroh lachend weiter.

An der Militärschule vorbei liefen wir zum Invalidendom.
Nach einem Blick auf den Sarg von Napoleon und zwei Blicken in den Garten setzten wir unseren Weg zum Tour de Montparnasse fort.
Es war ein relativ langer Weg, den wir forschen Schrittes absolvierten.
Langsames Laufen in der Großstadt macht bekanntlich pflastermüde, unseren Rücken bekommt es auch nicht gut. Wahrscheinlich haben beim schnelleren Laufen die ganzen Gelenke keine Zeit, zu registrieren, welche Last sie auszuhalten haben.

In dem Boulevard du Montparnasse kamen uns Polizeiautos entgegen, gegenüber dem Tour de Montparnasse war eine riesige Menschenansammlung.
„Le Präsident" (die Käsefirma) stand auf Plakaten. Ein Streik der Arbeiter.
Wofür oder wogegen haben wir nicht in Erfahrung bringen können.
In dem Moment starteten die Streikenden ihren Marsch in Richtung Nationalversammlung, so wurde die Absperrung aufgehoben und wir konnten das Gebäude betreten und mit dem Lift nach oben fahren.
Das Gebäude ist mit 210m das höchste der Stadt.
„Wow! Was für ein grandioser Ausblick" juchzte meine Freundin, als wir oben auf der Plattform standen.
Wir hatten klare Sicht bis zum Horizont und die ganze Metropole lag uns zu Füßen.
Wer noch nie in Paris war, kann von hier aus ungefähr erahnen, was das wirklich für eine Weltstadt ist.
Wir konnten uns nicht sattsehen.
Die grauen Dächer schillerten in der Sonne silbern.
(Zu dem Zeitpunkt wußte ich noch nicht, daß Paris die Dächer zum Weltkulturerbe erklären möchte!)
Die Dächer wirkten wie der riesiger Panzer einer Schildkröte, der nur ab und an aufgebrochen war durch einen der 450 Parks und Gärten, die es in Paris gibt.
„Weißt Du, was die „Pariser Schnecke" ist?" fragte ich Schälli.
„Nein", sagte sie.
„Nun, Paris ist in 20 Arrondissements (sozusagen Stadtbezirke) aufgeteilt, die sich zweieinhalbmal rechtsherum um die Stadt winden, beginnend im politischen Machtzentrum. Und diese Aufteilung sieht eben aus wie eine Schnecke.

Man teilt Paris aber auch in „rive gauche" (linkes Seine-Ufer) und „rive droit" (rechtes Seine-Ufer)."
Rechts ist das Machzentrum (u.a. Präsidentensitz, Rathaus, Gericht, Polizei, Börse) und links das geistige Zentrum (u.a. Universität, Bücherei).
Das vieux (alte) Paris umfaßt das Quartier Latin, Saint Germaine, das Louvre Viertel, les Halles und das Marais.

Dann zeigte ich Schälli die beiden „Ohren" des gewaltigen Schildkrötenpanzers: links den Bois de Boulogne und rechts den Bois de Vincennes, die beiden größten Parks bzw. Wälder, die noch zum Stadtkern gehören.
Soweit das Auge reichte, erklärte ich Schälli die wichtigsten Sehenswürdigkeiten, bis unser Blick hängen blieb.
Im Osten, am Rand von Paris, ragte ein komisches Etwas hervor. Dunkel, groß. Kein Hochhaus, kein Turm, kein Sendemast. Es sah aus wie ein Hexenkopf mit gewaltiger Nase.
Was ist das? Ich überlegte hin und her, was das sein könnte, wußte es aber nicht.
„Da steht ja der Eiffelturm!" jauchzte Schälli plötzlich ganz überrascht.
Den hatten wir fast vergessen. Den Eiffelturm sahen wir niedlich und grazil vor uns stehen. Er wirkt wirklich sehr klein von hier oben.
„Das war eine gute Idee, auf den Tour de Montparnasse zu fahren!" befand Schälli.
Schließlich deutete ich meiner Freundin an, was wir in den nächsten Tagen noch alles aufsuchen werden.
Dann tranken wir in dem Aussichtscafé einen sehr teuren Café Latte, der es aber wert war, und fuhren wieder nach unten.
Da das Wetter es wirklich gut mit uns meinte, nutzten wir den Sonnenschein und liefen durch den Jardin Luxembourg.

Hier waren einige Wege wegen Schneeflocken gesperrt, die wohl noch kommen sollten, denn sehen taten wir keine.
Dafür bewunderten wir den Springbrunnen, der in Betrieb war, aber das herabspritzende Wasser gefror sofort zu Eis und bildete eine märchenhafte Skulptur.
Wir nutzten die Zeit beim Laufen, um uns gegenseitig zu berichten, wie es unseren Töchtern geht.
Auf der Wiese saßen ein paar junge Leute und genossen die Sonnenstrahlen. Ich schimpfte über den Leichtsinn der Jugend, denn die Erde war kalt. Wie schnell kühlt man von unten aus, auch wenn es im Gesicht warm ist.
Mich fröstelte. Grund genug, noch einen Kaffee zu trinken.
Im Quartier Latin fanden wir ein total idyllisches Plätzchen zum Kaffeetrinken.
Es war noch viel zu früh zum Dinner, die Franzosen bevorzugen es sowieso, etwas später zu essen.
Die überfreundlichen garcons umwarben uns dennoch übereifrig, zum Dinner zu bleiben.
Irgendwann wurde uns das zu viel. Auch aus Kostengründen zogen wir es vor, im Hotelzimmer Abendbrot zu essen.
Wir machten es uns gemütlich und ließen uns die französischen Leckereien schmecken.
„Jetzt könntest Du mir eigentlich die Geschichte erzählen, wie Du von James Brown zu Johnny gekommen bist" bat mich Schälli.

Die Frauen würden an dem Tag den Männern gleichgestellt sein, an dem sie akzeptieren, glatzköpfig zu sein und dieses auch noch vornehm finden würden

Coluche

5. James Brown hat Schuld

Mein Mann und ich tourten vor fast 25 Jahren mit unserem Multivan das erste Mal durch Frankreich und hielten, wo es uns gefiel und schliefen im Bus, wenn wir müde wurden. Nach Normandie und Bretagne landeten wir im Medoc.
In Fort Cusaac, direkt an der Gironde, sahen wir damals ein Plakat mit der Ankündigung „Blues- und Jazztage im Cussac-Fort-Médoc" anläßlich des Nationalfeiertages.
An 3 Abenden spielten viele verschiedene Bands.
Heute, am Samstag, stand u.a. James Brown auf dem Programm.
Na, das wäre doch was für uns, dachten wir und fuhren zum Festivalgelände.
Das Kassenhäuschen war noch geschlossen, aber ein großes Feld war mit rot-weißen Bändern abgesteckten Reihen als Parkplatz eingerichtet, auf dem bereits ein paar Wohnmobile standen.
Wir stellten uns daneben, von den anderen Campern war keiner „zu Hause". Es war Mittag und die Sonne schien. Es war still ringsherum, die Grillen zirpten und es duftete nach Heu.
Während wir zum Fort liefen, kam ein großer VIP-Bus angefahren.
Wir hatten keine Ahnung, wer darin saß.

Neugierig folgten wir dem Bus, der nach ein paar Metern an einem Hintereingang hielt. Ca. 50 Personen stiegen aus dem Bus, darunter James Brown!
Irgendwie waren wir plötzlich mitten in der Menge und gelangten so auf den Innenhof.
Im Schatten unter den Arkaden waren bereits Tische eingedeckt, Personal wuselte eifrig herum.
Ehe wir uns versahen, saßen wir an einem der Tische und bekamen, wie alle anderen, ein Menü und eine Karaffe mit einem Liter Rotwein vorgesetzt.
Wir unterhielten uns beim Essen sehr angeregt mit den Technikern, zwischen denen wir an einem der Tische saßen. Das Hobby meines Mannes ist Tontechnik, so gab es reichlich Gesprächsstoff.
Die zweite Karaffe wurde uns auf den Tisch gestellt.
Plötzlich ertönte die Order „Soundcheck!" und alle liefen auf die Bühne, nur wir beide blieben allein am Tisch zurück.
Nach einer Weile trat Sicherheitspersonal an unseren Tisch heran und fragte höflich, ob wir zur Band gehören. Was wir leider verneinen mußten.
Freundlich wurden wir aufgefordert, doch bitte Tickets zu kaufen.
Mein Mann machte sich sofort Richtung Tickethäuschen auf den Weg, welches sich außerhalb des Forts befand.
Ich sollte mit unserer noch fast vollen Karaffe und den beiden Gläsern auf ihn warten.
Da wurde das Fort plötzlich für eine Sicherheitsüberprüfung geschlossen.
Im Innenraum waren nämlich in Reihen angeordnete Strohballen als Sitzgelegenheiten verteilt. Sozusagen die Holzklasse.
Dahinter konnte man das Konzert im Stehen verfolgen. Also die 2. Klasse.

Und im Halbkreis dahinter wiederum standen runde elegant eingedeckte Tische, zwischen deren Zwischenräume große Palmen in Kübeln aufgestellt worden waren. Erstklassig!
Richard hatte inzwischen erfahren, daß der Abend ausverkauft ist und der Einlaßdienst ließ ihn demzufolge nicht wieder herein.
Nachdem ich eine ganze Weile gewartet hatte, lief ich ungeduldig zum Eingangstor.
Ich sah (und hörte vor allem) meinen Mann, wie er lautstark versuchte, der Ticketverkäuferin auf Englisch klar zu machen, daß seine Frau mit Rotwein und zwei Gläsern auf ihn im Innenraum wartete.
Um ihm beizuspringen, versuchte ich es nun durch das Tor hindurch auf Französisch.
Wir hatten den eisernen Vorhang überwunden, müßte doch auch dieses eiserne Tor zu schaffen sein!
Schließlich erbarmte sich die nette Ticketverkäuferin und bot uns an, einen Moment zu warten und dann mit ihr an den runden Tischen nach freien Plätzen zu suchen, falls Gäste nicht erschienen sind.
Wir hatten Glück! Tatsächlich fanden wir 2 Plätze an einem Tisch, an dem eine Frau, die aussah wie Mireille Matthieu, und ein Mann, der aussah wie Bill Clinton (mein Mann gab mir widerspruchslos Recht), saßen.
Die beiden freuten sich sehr, mit zwei Deutschen ins Gespräch zu kommen. Da sie Englischlehrerin war und mein Mann ja kein Französisch, dafür aber sehr gut Englisch spricht, konnte die Unterhaltung sehr unkompliziert verlaufen.
Ein opulentes Menü wurde serviert.
Den passenden Wein dazu mußte sich jeder selber an einem der vielen Stände der einheimischen Weinbauern (und davon gibt es reichlich!) auswählen.

„Bill" (und bei diesem Namen blieb es, auch wenn er in Wirklichkeit Jean-Claude hieß) lud uns zu einer Flasche Rotwein ein.
Das konnten wir nicht auf uns sitzen lassen und wir wählten die zweite Flasche.
So ging das den ganzen Abend hin und her.
Ich kann mich weder erinnern, wie viele Flaschen wir geleert haben noch wie ich in unseren Multivan gekommen bin!
Mir ist nur noch in Erinnerungv, daß die Franzosen (und besonders die Französinnen) ausgeflippt sind, als am späten Abend endlich James Brown auf die Bühne kam.
Und an die eleganten Damen, die auf den eleganten Tischen tanzten.
Jedenfalls hatten wir an diesem Abend eine Einladung bekommen, das Ehepaar zu besuchen.
Das taten wir natürlich auch. Wenn man so nette Franzosen kennenlernt, sollte man sich so eine Einladung nicht entgehen lassen.
Sie wohnten in einem alten Wein-Chateau von 1762 (das gleiche Baujahr wie unser Bauernhaus! Was für ein Zufall!), daß sie in mühe- und liebevoller Kleinarbeit restauriert hatten und darin Chambre d´houtes (Gästezimmer) für 10 Personen anboten.
Bill war ein Spitzenkoch, der der französischen Küche alle Ehre machte und seine Gäste aufs Feinste verwöhnte.
Wir besuchten die beiden auf jeder unserer Frankreich-Reisen.
Bei einem weiteren Besuch Jahre später führte uns Bill nach dem ausgiebigen Essen in seine Schatzkammer: ein Kabinett mit einer Sammlung von allem, was er von und über Johnny Halliday bekommen hatte.
Mir verschlug es die Sprache. Erstens, weil Bill wirklich eine immense Sammlung vorweisen konnte und zweitens, weil mein Mann und ich Johnny nicht mochten.
Bill hatte aber schon eine DVD in der Hand.

„Die müßt Ihr Euch ansehen", strahlte er, „das ist meine Lieblings-DVD! Johnny „Allume le feu" im Stade de France!"
Mein Mann und ich wechselten resignierte Blicke. Spielverderber wollten wir nicht sein und unhöflich auch nicht.
Wir wollten einmal tolerant sein. Oder wenigstens so tun.
Also setzten wir uns auf das Sofa mitten im salle de séjour (größeres Wohnzimmer) des Chateaus und ergaben uns in unser Schicksal.
Es dauerte nicht lange, da lief es mir kalt den Rücken herunter, wie man so schön sagt. Ich war total fasziniert. Von der Show, von der Atmosphäre, von der Musik.
Das war nicht der Johnny, den ich kannte.
Lag es daran, daß wir älter werden? Musiker werden ja aber auch älter! Oder lag es einfach daran, daß sich sein Stil geändert hat?
Die Musik von Bruce Springsteen konnte ich früher auch nicht leiden, heute macht er eine ganz andere Musik.
Mein Mann schien auch ganz beeindruckt von dem Konzert zu sein, denn er griff nach meiner Hand und drückte sie liebevoll.
Das Konzert war zu Ende und Bill merkte es uns an, daß wir fasziniert waren.
Und ehe wir Luft holen konnten, legte er schon die zweite DVD ein.
Johnny am Eiffelturm zum Millennium. Mehr Stimmung, mehr Kraft, mehr Gefühle sind ja kaum zu ertragen! Es war einfach gigantisch!
Diese beiden DVDs wollte ich unbedingt haben, das war meine Konsequenz.
Ich bat Bill, mir diese zu besorgen. Was er dann auch prompt tat.

So kam ich also nach Hause, war ein Johnny-Halliday-Fan und zeigte allen meinen Freunden diese beiden DVDs, deren Zahl sich im Laufe der Jahre noch vermehrte.

„Ja, so war das, liebe Schälli!" schloß ich meine Erinnerungen.

„Und diese beiden Konzerte waren ja auch die ersten, die Du damals gleich angesehen hast."

„Na, Gott sei Dank, daß Ihr bei James Brown ward, sonst hätten wir niemals Johnny für uns (wieder-)entdeckt!"

Frankreich, so wie es ist, ist auch nicht schlechter als wenn es noch schlimmer wäre

Coluche

6. Paris ist schmutzig

In mein Gesicht blinzelte die Sonne. Ich suchte die Uhr, die ich gestern Abend irgendwohin gelegt hatte. Wecker hatten wir beide vergessen. Wozu aber auch brauchen wir Wecker?
Der Blick auf meine Uhr sagte mir, Zeit zum Aufstehen.
Schälli schnarchte noch friedlich vor sich hin.
Es war ein gleichmäßiges, leises Schnarchen, an das man sich gewöhnen konnte.
Ich kitzelte Schälli an den Zehen, worauf sie erschrocken hochfuhr.
„Du bist gemein!", schimpfte sie. „Ich hab gerade so schön geträumt!"
„Du kannst morgen weiterträumen. Jetzt erst einmal raus aus den Federn, wir sind nicht zum Träumen hier, sondern um Träume wahr zu machen!!!"
Wir frühstückten nicht im Hotel, sondern wir gingen gleich selber zum Bäcker gegenüber, da wir beide uns einig waren, ein Croissant und ein Becher Kaffee genügten zum Frühstück. Und wir sparten eine Menge Geld.

Dann liefen wir den gleichen Weg wie gestern zur Metrostation, die ganz bestimmt 500m von unserem Hotel entfernt war.

Es kam mir weiter vor, aber in den Informationen der Pariser Verkehrsbetriebe verspricht man, daß sich keine Station weiter als 500m vom Standort entfernt befindet.
Auf halber Strecke blieb ich stehen.
„Hast Du etwas im Hotel vergessen?" fragte meine Freundin.
„Nein, ich überlege gerade", antwortete ich gedankenversunken.
„Na, das kommt selten vor" entgegnete meine Freundin spitzbübisch.
„Ich kann es nicht herausfinden, irgendetwas ist hier heute anders... Laß uns weitergehen, vielleicht fällt es mir noch ein" erwiderte ich.
Wir fuhren mit der Metro nach La Villette, dem Ausstellungsgelände der Wissenschaften und Technik.
Früher befand sich dort das Schlachthaus von Paris in wunderschönen Jugendstilhallen. (Heute befindet sich der hochmoderne Schlachthof in Rungis, 7km südlich von Paris.)
Zunächst erstanden wir Tickets für die Geode, ein IMAXX Kino. Dort werden stündlich Kurzfilme gezeigt, die mehr dokumentarischer Art sind und durch ihre Qualität der Bilder bestechen und der Auswahl der Themen beeindrucken.
Egal, was ich bisher dort gesehen habe, es war immer grandios und den Inhalt konnte ich immer verstehen, auch wenn ich die französische Sprache nicht perfekt beherrsche.
Der heutige Film zeigt eine Pilgerreise von Tanger nach Mekka. Einmal im Leben muß ein Moslem nach Mekka pilgern, zumindest einer aus seiner Familie, die dann auch das Geld für diese Reise aufbringt.
Diese Geschichte eines jungen Mannes, der mit seinem Pferd in Tanger aufbrach, sahen wir in beeindruckenden Bildern.

Nach vielen Abenteuern war er schließlich in Mekka angekommen und das erstmalig öffentlich zugelassene Kamerateam nahm uns mit ins Innerste des Heiligtums:
Tausende gebadete, rasierte und weiß gewandete Pilger liefen um die Kaaba, den schwarzen Schrein, und riefen ihre Gebete zum Himmel.
Gefühlte Stunden immer im Kreis und wir aufgrund der riesigen Leinwand und der ausgereiften Tontechnik mittendrin in diesem innbrünstigen Gemurmel.
Mir war mulmig. Schälli auch.
Als der Film zu Ende war, blieben wir wie angewurzelt sitzen, während die anderen Besucher bereits das Kino verließen. Schließlich erhoben wir uns und gingen hinaus. Was war das, was wir fühlten? Ein komisches Gefühl.
Wahrscheinlich, weil wir total in eine völlig fremde Welt eingetaucht sind. Eine Welt, von der wir keine Ahnung haben und die wir nicht verstehen? Sehr befremdlich.
Wir standen außerhalb des Gebäudes, ein paar Gäste standen mit Café oder Prosecco an den Stehtischen.
Kurz eine Zigarette rauchen, Gefühle analysieren und dann gingen wir weiter durch den Park.
Kinderlachen schallte zu uns von einem der vielen Spielplätze.
Wir überquerten den Kanal St. Martin und erfreuten uns auf der anderen Uferseite an einem nostalgischen Kinderkarussell á la Jules Verne, das allerdings noch nicht in Betrieb war.
Der neue mit Glas überdachte Weg führte uns zu dem anderen Ein- bzw. Ausgang.
Dabei kamen wir an der einzigen erhaltenen Jugendstilhalle vorbei, die früher zum Schlachthof gehörte, jetzt als Veranstaltungsort vornehmlich für Lesungen genutzt wird.
Ein gewisser Coluche hat hier vor Jahren eine Hilfsaktion für Bedürftige gestartet, hatte ich irgendwo gelesen.

Wir wurden hungrig und fanden eine kleine Kneipe, in der wahrscheinlich nur Einheimische verkehren.
Als wir vor dem Tresen standen, auf die Speisekarte geschaut hatten und nach einem Tisch suchten, wuselte der Wirt zu seinem CD-Spieler und legte Musik ein. Amerikanische. Weil er dachte, wir sind Amerikanerinnen.
Nein, das gefiel uns nicht. Wir waren in Paris und wollten französische Musik hören, was wir dem Wirt auch sagten.
Dieser war total überrascht, daß wir Deutsche sind und fragte, was wir denn gern hören würden.
„Alain Souchon".
„Alain Souchon? Ja, bitte, aber gerne! Dann natürlich Alain Souchon" freute er sich.
Dafür gab es dann wohl auch die doppelte Portion Couscous.
Wir genossen das leckere Essen und die sentimentale Musik.
Diese CD von Alain Souchon muß ich mir kaufen!

Nach dem Essen liefen wir zur nächstgelegenen Metrostation.
„Jetzt weiß ich, was hier und jetzt anders ist!" hielt ich plötzlich inne. „Es fehlt die Hundescheiße!"
Meine Freundin schaute mich halb belustigt halb vorwurfsvoll ob des groben Ausdrucks an.
„?"
„Ja, sonst hab ich immer nur nach unten sehen müssen, weil alle Fußwege voll mit Hundescheiße waren! Und Scheiße (*merde*) sagen selbst die Franzosen, auch wenn wir Deutschen etwas vornehmer Hundehaufen oder Hundekot oder Kötel dazu sagen. Aber sie oder es oder er ist weg!"
In Blickweite hatte ich nämlich ein Gestell entdeckt, welches aus zwei kleinen Säulen bestand, auf denen ein Behälter mit Kunst-

stoffbeuteln und Piktogrammen befestigt war, die für jeden verständlich erklärten, daß die Hunde an der Leine zu führen und die Hundehaufen mittels dieser Beutel aufzunehmen sind.
So ist das also jetzt! In den letzten Jahren habe ich wirklich nur nach unten sehen müssen, um nicht aus Versehen in irgendeinen Haufen hineinzutreten.
Vor allem, weil die meisten Hunde frühmorgens ihre erste Gassirunde allein unternehmen konnten, durften, mußten.
Wir hatten in den letzten Jahren mehrmals beobachtet, wenn sie zweimal bellen, wird der automatische Türöffner betätigt.
Große Hunde drücken sogar den Klingelknopf selber!
Die Kleinen schlüpfen durch so etwas wie eine Katzenklappe wieder ins Haus zurück zu Frauchen. Oder Herrchen.
Da war es ja kein Wunder, daß überall Hundehaufen lagen, denn Hunde sind ja schlecht in der Lage, diese selbst aufzusammeln.
Jetzt aber konnten wir getrost nach oben schauen und die herrlichen Fassaden der Häuser, die be-immer-grünten Balkone, Terrassen und Dächer bewundern.
Zufrieden über diese neue Erkenntnis fuhren wir mit der Metro zum Haussmann-Boulevard.
Dort angekommen, hakte ich meine Freundin unter, noch bevor wir das Riesenkaufhaus La Fayette betraten.
Menschenmengen schoben sich durch die Türen, große Reisebusse entluden einkaufswütige Asiatinnen.
Uns interessierte der Konsumtempel nur deshalb, weil ich Schälli die tolle Galerie mit den Balkonen - wie im Opernhaus - und der wunderbaren Glaskuppel im Jugendstil zeigen wollte, um anschließend mit ihr nach oben in das Café Cupola zu fahren, welches ebenfalls unter einer prächtigen Jugendstil-Glaskuppel eine wunderbare Atmosphäre ausstrahlt.

Oben angekommen setzten wir uns auf die edlen Ledersofas und gönnten uns einen Rotwein.
So hätten wir Stunden sitzen und die Leute beobachten können, aber wir wollten weiter.
Beim Hinunterfahren schweiften unsere Blicke zwangsweise über das Warenangebot. Wenn wir ein Preisschild lesen konnten, blieb uns die Luft weg.
„Schälli, wenn wir morgen Lust haben, gehen wir zu Tati", schlug ich ihr vor.
„Wer oder was ist Tati?" fragte sie zurück.
„Das ist nicht nur das Lieblingskaufhaus der Pariser, gegründet von dem Marokkaner Tati, sondern auch meins. Da kannst Du stundenlang in Containern nach unsortierten Markenklamotten wühlen und bezahlst, wie wir so schön sagen, dafür ´n Appl und ´n Ei. Die Artikel sind nicht nach Größe oder Farbe sortiert, Du mußt wirklich suchen! Aber das macht Spaß und lohnt sich."
„Ja, aber sicher werden wir Lust haben" antwortete Schälli überzeugt.

Es war inzwischen dunkel geworden. Da wir beide noch nicht müde waren, schlug ich einen abendlichen Spaziergang zum Arc de Triomphe vor.
So liefen wir den Boulevard Haussmann bis zum westlichen Ende, liefen um zwei Ecken zum Champs Élysée und genossen von da den grandiosen Anblick des erleuchteten Triumphbogens.
Wir umrundeten einmal den Platz, beobachteten die Menschenmenge und den dichten Verkehr, der sich durch den Kreisel zwängte.
Schließlich nahmen wir die Metro und fuhren nach Hause.
Wieder im Hotel angekommen genossen wir noch ein paar Kleinigkeiten nebst Rotwein und ließen die Seele baumeln.

„Warum wollen eigentlich alle Menschen nach Paris?" fragte mich Schälli plötzlich.
„Na, alle nicht. Aber viele" relativierte ich die Aussage.
„Weiß ich auch nicht genau. Paris ist die Stadt der Liebe. Paris ist Zentrum der Künstler. Ist eine Handelsmetropole, weil es so zentral in Europa liegt. Paris wurde durch den Krieg kaum zerstört, ist also architektonisch gesehen eine Augenweide.
„Paris liebt man oder man haßt es", hab ich mal gelesen."

„Der französische Esprit hat es verstanden, aus der Geometrie, einer trockenen, wenig anziehenden Wissenschaft etwas Harmonisches, Vergnügliches zu schaffen. Man kann die Schönheit einer Stadt wahrnehmen, ohne die geringste Ahnung von ihrer Vergangenheit zu haben. Doch will man sie verstehen, muß man die Geschichte zur Hilfe nehmen. Paris war stets eine Stadt der Avantgarde, des Bruchs mit der Vergangenheit: der Eiffelturm und die Weltausstellung im Jahre 1900 wurden zu Symbolen einer unaufhaltsamen Bewegung in Richtung eines Fortschritts, der für die samte Menschheit von Bedeutung ist, der auch heute noch in den avantgardistischen Bauausführungen des Centre Pompidou, des Flughafens Charles de Gaulle in Roissy und der Tour Fiat zu finden ist. Vielleicht ist es diese Leichtigkeit, sich zu erneuern, gleichzeitig Zeuge der Vergangenheit und Symbol des Fortschritts zu sein, die den unauslöschlichen Charme von Paris ausmacht." *(Paris, 1982)*
„ Vielleicht ist es auch nur der Lebensstil? Oder die wunderbare französische Küche? Oder die Offenheit zur Kunst und Moderne? Oder das pulsierende Leben? Die Stadt schläft nie, sagt man. Aber wir gehen jetzt schlafen. Ich bin müde. Gute Nacht, Schälli."
„Ja, gute Nacht Gäbel, schlaf gut."

Wenn Sie etwas brauchen, wenden Sie sich an mich.
Ich erkläre Ihnen, wie sie darauf verzichten können.

Coluche

7. Schneeflocken auf dem Friedhof

Eigentlich bin ich ein Langschläfer. Was nicht heißt, daß ich länger schlafe als andere Menschen. Bei mir ist lediglich der Biorhythmus verschoben, das nennt man Δt (Δ = Delta, steht für Differenz; t = Zeit). Mit anderen Worten, ich bin nachtaktiv, habe mein Hoch der Leistungskurve am späten Nachmittag und abends, dann, wenn andere Menschen langsam müde werden. Das hat zur Folge, daß ich erst 1 Uhr, oder 2 Uhr oder auch mal 3 Uhr nachts zu Bett gehe und dann 8 Stunden schlafe, wie die meisten Menschen in meinem Alter auch.
Hier in Paris habe ich den Eindruck, Schälli hat auch Δt, denn sie schläft und schläft und schläft.
Nützt nichts, ich muß sie wecken.
Schälli ist immer gleich putzmunter und mopsfidel, während ich noch mufflig bin und eine ganze Weile brauche, um richtig wach zu werden
Nach dem Frühstück (wieder beim Bäcker) erinnerte mich meine Freundin „denk daran, ich möchte zum Grab von Heinrich Heine!"
„Ja, ich weiß, wir fahren sofort dorthin."
In meinem Reiseführer stand, er ist auf dem Friedhof Père Lachaise begraben.
Also, auf geht's.
Erst mit der Metro fahren und dann ein Stückchen laufen.

Die Sonne schien, es war trocken und mild.
Von weitem konnten wir sehen, daß vor dem Eingangsportal zum Friedhof viele Menschen standen.
Wir fragten uns, ob da ein Bus angekommen ist?
Immerhin wollen Menschen aus der ganzen Welt das Grab von Jim Morrisson sehen, der auch auf diesem Friedhof beigesetzt ist.
Als wir unmittelbar vor dem großen Eingangstor standen, spürten wir die Aufregung der Menschen, hörten sie heftig diskutierten, verstanden aber nicht sofort, worum es ging.
Das Tor war verschlossen, es war kurz vor 11 Uhr.
Wir schoben uns durch die Menschenmenge bis zu dem Tor, in der Hoffnung, einen Aushang zu finden, der uns vielleicht einen Hinweis über geänderte Öffnungszeiten oder ein Staatsbegräbnis gibt. Es gab keinen Aushang.
Ich klopfte an das Tor, durch das man nicht hindurch sehen konnte und eine junge, hübsche Sicherheitsbeamtin öffnete das Tor einen Spalt, zeigte sich aber merklich reserviert.
Sie antwortete auf meine Frage, ob der Friedhof heute später geöffnet wird, höflich, er bliebe geschlossen.
Auf meine nächste Frage „Warum?" antwortete sie:
„Wegen Schneeflocken auf den Friedhofswegen bleibt der Friedhof heute aus Sicherheitsgründen den ganzen Tag geschlossen."
Sie verzog keine Miene und schloß das große Tor von innen wieder ab.
Nun, es ist richtig, in dieser Nacht hatte es etwas geschneit, ein paar vereinzelte Schneeflocken tanzten durch die Pariser Nacht, die waren aber inzwischen überall getaut. Wir sahen nicht eine Schneeflocke weit und breit.

Aus Sorge, daß ich die Dame vielleicht falsch verstanden hatte, weil mein Französisch nicht so perfekt war, fragte ich Jemanden aus einer Gruppe junger Leute.
Junge Leute können heutzutage alle englisch sprechen und weil die Nationalität nicht immer zu erkennen ist, probierte ich es einfach.
Die jungen Leute wirkten ziemlich zerknirscht und ratlos.
Es war ihr letzter Tag in Paris und der Besuch am Grab von Jim Morrisson sollte ihr letzter Programmpunkt sein.
Dieser mußte nun ausfallen, da es auf dem Friedhof irgendwo eine Schneeflocke gab.
Ich verstand, daß ich die Beamtin also richtig verstanden hatte, konnte es aber nicht verstehen.
Eine Schneeflocke!
Nun, es war aussichtslos, wir mußten das Argument akzeptieren.
Wir gingen ein paar Schritte beiseite und suchten unsere Zigaretten.
„Keine Sorge", sagte ich zu Schälli, „dann probieren wir es eben morgen noch mal".
Während wir in Ruhe rauchten, bemerkte ich eine dunkelgrüne Skulptur, etwas größer als wir, auf dem breiten übersichtlichen Fußweg, fast an der Bordsteinkante aufgestellt.
„Das sieht ja toll aus! Was ist das?" fragten wir uns.
Wir gingen ein paar Schritte näher und bestaunten die wunderschönen 4 Damen, die auf einem Sockel standen und so etwas wie ein Dach hielten.
Wir berührten die Figuren, die schlank wie das weltberühmte Puppenmädchen waren und erkannten, daß sie aus Bronze gegossen waren.
Und weil sie so schön waren, fotografierten wir sie.

Da wir also nicht auf den Friedhof gehen konnten, nutzten wir die gewonnene Zeitlücke und fuhren gleich zu Tati.
Schälli war neugierig geworden und konnte es kaum erwarten, in den Containern herumzuwühlen.
Zunächst mußten wir uns durch die Menschenmenge wühlen, Tati ist, wie immer, gut besucht.
Mit zwei supermodernen absolut preisgünstigen Winterkleidchen in der Einkaufstüte stürmten wir als nächstes zur Schuhabteilung.
Nach einer Weile stand Schälli vor mir, schaute mich unglücklich an und sagte:
„Ich habe 4 tolle Schuhe gefunden, die ich aber wieder zurückgelegt habe, denn leider gibt es hier nur linke Schuhe!"
Ich mußte erst einmal lachen.
„Geh zurück, sammle Deine 4 Schuhe wieder ein und geh damit zur Kasse. Dort bekommst Du dann die rechten Schuhe zum Anprobieren".
Total erleichtert kehrte Schälli um, sammelte ihre zurückgelegten Schuhe wieder ein, ging zur Kasse, probierte sie an und kaufte schließlich diese 4 Paar total ausgefallenen hochmodernen Ledersandalen für zusammen 40€.
Als wir keine Einkaufstüten mehr fassen konnten, liefen wir die paar Meter zum Hotel zurück.
Die Straßen waren jetzt voller Menschen, die von der Arbeit kamen und noch Dieses oder Jenes einkaufen wollten.

Wieder im Hotel angekommen, stellten wir nur unsere Einkäufe ab und liefen gleich wieder los.
Heute Abend bestiegen wir den Hügel zu Sacré Coeur.
Vom Bett aus hatten wir die wunderschöne Basilika bereits bewundert, wenn sie nachts angestrahlt wird und das Weiß noch weißer leuchtet.

Es war inzwischen dunkel geworden, die leuchtende Basilika wies uns den Weg.
Die Stufen hinaufzusteigen, war eine abendsportliche Betätigung, die Hunger machte.
Zuerst bewunderten wir aber die Basilika von innen, danach drehten wir eine Runde auf dem Place Tertre, wo die meisten Künstler ihre Stände und Staffeleien inzwischen schon abgebaut hatten.
Der Besucherstrom hielt sich in Grenzen, was wir absolut gut fanden.
Ich zeigte Schälli das Bistro „Chez Catharine" und erklärte ihr, woher der Name Bistro stammt:
Ich hatte gelesen, daß die Pariser vor vielen Jahren ihre ersten Ausflüge auf den Hügel unternahmen und beeindruckt von der Tüchtigkeit des Wirts waren. Er und seine Familie stammten aus Russland.
Immer, wenn viele Gäste kamen, rief er auf Russisch „buistro, buistro!!!!" (was auf Deutsch „schnell, schnell" heißt) zu seinem Personal.
Da die Pariser kein Russisch verstanden und den Namen des Wirts nicht kannten, sagte man dann einfach, wir fahren am Wochenende wieder zu dem Mann mit dem „buistro".
Und so soll das Bistro entstanden sein.

Jetzt knurrte mir aber der Magen. Wir gingen zurück, bergab geht es Gott sei Dank *buistro*, ich meine natürlich *schnell*.
Die kleine Eckkneipe war gut besucht, aber für uns waren noch zwei Plätze frei.
Wir wählten das Tagesmenü ohne die Karte zu lesen und waren total überrascht, als uns eine Riesenportion Ente in Rotweinsauce mit Rotkohl und Kartoffeln Dauphine serviert wurde.
Zum Nachtisch konnten wir eine hausgemachte Cremé brulleé

genießen. Dazu natürlich ein Viertel Liter Rotwein und das alles für 12€. Was ging es uns gut!
Ich weiß nicht mehr, ob wir in dieser Nacht etwas träumten. Aber wenn, kann es nur etwas Schönes gewesen sein, denn wir sind total glücklich und zufrieden eingeschlafen.

Während der Demonstrationen nützt es überhaupt nichts, rechtzeitig wegzugehen, man muß wegrennen!

Coluche

8. Pariser Wahrzeichen

Und genau so glücklich und zufrieden wachten wir am nächsten Morgen wieder auf.
Nach Frühstück und Metrofahrt starten wir heute am Hotel de Ville, was also kein Hotel ist, wie ich eine Zeitlang glaubte, sondern das Rathaus.
Ich wollte meiner Freundin die 136 Statuen berühmter Persönlichkeiten zeigen, die an der Fassade des Rathauses verewigt waren.
Mehr als 136 Menschen waren vor dem Rathaus versammelt, mit weißen Kochmützen und Schürzen.
Es wurde gestreikt, man könnte meinen, das ist der Franzosen liebste Beschäftigung!
Hier und jetzt ging es um das Schulessen, welches beibehalten werden sollte.
Wir schlenderten am Tour de Jaques vorbei zum umstrittenen Centre Pompidou. Es wurde 1977 eröffnet und avancierte in der Folge zum meistbesuchten Monument der Stadt - noch vor dem Eiffelturm. Wahrscheinlich, weil es so umstritten war, daß jedermann (und jede Frau) es sehen wollte.
Im Innenraum hängt ein riesiges interessantes plastisches Portrait aus tausenden von Metallstiften, welches Georg Pompidou darstellt.

Wir fuhren die langen und langsamen Rolltreppen nach oben und genossen den Ausblick, soweit das in dem Gedränge möglich war.
Anschließend weilten wir auf dem Vorplatz und lauschten den vielen Künstlern aus aller Welt, die auf verwegenste Art Musik und Kunst darboten, setzten uns am Stravinsky-Brunnen mit einem Cidre nieder und beobachteten die vielen verrückten mobilé.
Überall saßen junge Leute in der Sonne, tobten Kinder, zärtelten Liebespaare.
Man sollte es nicht glauben, das alles geschieht Mitte Februar!
Wir zahlten unseren Cidre bei einem sehr freundlichen garcon und gingen weiter.
Wir tauchten ein in die unterirdische Welt von Les Halles, der größten U-Bahn-Station der Welt (ist gerade eine Großbaustelle und wird wohl 2016 fertig), betrachteten die Auslagen in den Schaufenstern, liefen gefühlte 10km bis in alle Winkel des verspielten Objektes, staunten über die moderne Kunst und architektonischen Einfälle.
An allen Ecken roch es anders. Die vielen multikulturellen Kioske boten für jeden Geschmack etwas als schnellen Imbiß an.
Uns war das nicht idyllisch genug.
In Richtung Saint-Eustache-Kirche laufend, kamen wir an einem Wochenmarkt vorbei, der nicht nur Gemüse und Wurstwaren anbot.
An einem Wurststand hingen verschiedene Hartwürste. Ich wußte nicht, was „Esel" auf Französisch heißt, aber nach meinem kunstvollen „Ih-Ah, Ih-Ah" lachte der Verkäufer und zeigte mir eine harte Wurst, die ich für meinen Mann kaufte. Er liebt Esel-Salami.

Meine Freundin ergötzte sich an den vielen Schmuckständen und wunderte sich über die Preise. So schöner Modeschmuck für so wenig Geld.
Sie kaufte sich zunächst einen Anhänger.
Nach ein paar Schritten sagte sie, „ich bin dumm, ich könnte ja gleich für meine Töchter welche mitnehmen!"
Wir gingen die paar Schritte zurück und sie wählte drei Teile zum Preis von 2 Teilen aus.
Nachdem sie bezahlt und alles in ihrer Tasche verstaut hatte, schaute sie mich an und sagte, „eigentlich kann ich auch gleich die Geburtstagsgeschenke für meine Freundinnen und Kolleginnen und Nachbarn kaufen! Für das Geld bekomme ich in Deutschland nichts Gleichwertiges".
Gesagt, getan. Gott sei Dank war ihre Tasche bald gut gefüllt, sonst hätte sie wohl den ganzen Markt aufgekauft...
Hinter den Marktständen verbargen sich viele kleine, alte Bistros mit viel Flair, in denen hauptsächlich Einheimische verkehren.
Dieses Ambiente gefiel uns wesentlich besser und wir aßen eine Kleinigkeit: Croque Monsieur.
Noch während ich die Bestellung an einen wahrlich echten Bilderbuch-Franzosen aufgab, fiel mir auf, daß sich Schälli vor allen Gesprächen drückte und mir immer die Konversation überließ.
„Du hast auch Französisch gelernt!" wollte ich sie aufmuntern.
„Ja, ich weiß!" stöhnte sie und verdrehte die Augen.
„Ich hab aber alle Vokabeln vergessen!"
Ich schob ihr mein kleines Reisewörterbuch über den Tisch. Sie schob es postwendend zurück.
„Das wird nichts" behauptete sie.
„Probier es!" ließ ich nicht locker.
„Ich komme bei vielen Wörtern mit der Aussprache nicht klar."

Gut, das kann ich verstehen. Für einen echten Sachsen ist es schwierig, statt die Wörter bei der sächsischen Aussprache lässig und weich in die Breite zu ziehen diese nun plötzlich mit spitzem Mündchen artikulieren zu müssen!
Merci ist ja noch ganz einfach.
Bongschur versteht man auch.
Schedäm versteht man ganz bestimmt, aber wie oft benutzt man diesen Satz, wenn alte Mädels wie wir in Paris auf Städtereise sind?
Richtig schwierig wird es dann schon bei *exküsema* oder *peti debü*....
„Mach Du das mal lieber", bat mich Schälli.
Ich bezahlte das leckere Essen und den Rotwein bei unserem flotten Kellner.
Frisch gestärkt verspürten wir jetzt Appetit auf ein bisschen Geschichte.
Flotten Schrittes wie die Pariser liefen wir in Richtung Seine.
Über die Pont Neuf, gebaut 1606 und älteste Brücke von Paris, liefen wir vorbei an der Conciergerie, in der Marie Antoinette eingekerkert war, bis zur königlichen Kapelle, die sehr klein, filigran und versteckt im Herzen von Alt-Paris liegt bzw. auf dem Hof des Justizpalasts an seinen Wänden klebt.
Wir kauften eine Eintrittskarte, da diese kleine Kirche als Museum eingestuft ist und betraten das Heiligtum.
Die kleine Kapelle ist so schön, farbenprächtig und relativ flach, daß sie wie ein Festsaal wirkt.
Nachdem wir uns in ihr satt gesehen haben, kamen wir beim Hinausgehen wieder an dem Kassenhäuschen vorbei, in dem ein junger Student seinen Dienst versah.
Da gerade nicht viel los war, ging ich zu ihm, nahm einen Zettel, malte einen Hexenkopf mit großer Nase darauf und fragte ihn, ob er eine Idee hätte, was das im Osten von Paris sein könnte.

Er schaute mich an, lachte und erklärte: „das ist der Affenfelsen im Zoo!"
Ah, ja.
Der Affenfelsen. Na, darauf hätten wir ja auch selber kommen können!
„Der Zoo ist aber dieses Jahr wegen Umbau geschlossen, kommen Sie doch bitte nächstes Jahr wieder und besuchen Sie unseren wunderbaren Zoo!"
Na klar, das werden wir bestimmt machen!
Zunächst war aber unsere Frage, die wir uns ja auf dem Tour de Montparnasse gestellt hatten, beantwortet.
Jetzt ging es hinüber zur Notre Dame.
Ein beeindruckender Bau von 1330, der leider von so vielen laut quatschenden und fotografierenden, bemützten und behüteten Touristen gefüllt ist, daß ich mich frage, ob deren Welt keine Piktogramme kennt.....
Ich bin froh, als wir wieder im Freien sind. Einen Kaffee brauchen wir jetzt alle beide.
Gott sei Dank ist das in Paris kein Problem.
Cafés gibt es überall, an jeder Ecke, in jeder Seitenstraße, in den großen Boulevards dicht an dicht.
Meist sind an der Straße die Stühle in Reih und Glied mit Blickrichtung zum Fußweg ausgerichtet, damit jeder, der dort seinen Café trinkt, die vorbeilaufenden Passanten - die Flaneure - beobachten kann.
Das ist Tradition in Paris, ebenso wie sich in den Cafés die Künstler, Dichter, Philosophen trafen.
Wir sitzen auch hier, um die Menschen zu beobachten, egal, ob neben uns Berühmtheiten sitzen oder nicht.
Der Genuß des Café ist uns wichtiger.

Und das aufkommende Gefühl, mitten in Paris, einer Metropole, mitten in der Welt (oder „auf dem Dach der Welt", wie Heine gesagt hat) das Leben genießen zu können.
Nach einer ganzen Weile bemerkte Schälli:
„Mir sind gerade zwei Dinge aufgefallen.
Erstens: Fast alle Leute haben ein Baguette unter dem Arm!"
„Was glaubst Du, wie viele Bäcker es in Paris gibt", fragte ich Schälli zurück.
„Naja, Paris ist vielleicht 10mal größer als Magdeburg, hat dann wohl auch 10mal mehr Bäcker. Und Magdeburg hat schätzungsweise 20 Bäcker. Demnach müßte Paris 200 Bäcker haben."
„Bist Du denn bei Sinnen!", empörte ich mich.
„Wie, zu viele? Dann eben nur 150!"
„Paris hat so viele Straßen, die dank des Präfekten Haussmann so ordentlich gerade verlaufen, daß es logischerweise ganz viele Straßenecken und Kreuzungen gibt. Und Paris hat an (fast) jeder Ecke einen Bäcker! Das ist doch nicht wie in Deutschland, wo ständig ein Bäcker zumacht, am Ende nur noch im Supermarkt Brot und Brötchen verkauft werden.
In Paris und auch in ganz Frankreich kaufen die Bewohner aber jeden Tag ihr Baguette. Wenn Du die Menschen beobachtest, erkennst Du, wer Tourist und wer Einheimischer ist. Das Wahrzeichen des Pariser Bürgers ist eigentlich sein Baguette. Früh, mittags, abends. Und die kann er in ungefähr 1200 Backstuben kaufen. Das ganze Jahr, auch in den Ferien. In der Ferienzeit dürfen die Bäcker per Gesetz wechselseitig nur 14 Tage Urlaub machen."
„Unglaublich! Das hätte ich nicht gedacht!
Und jetzt meine zweite Beobachtung: ganz schön viele Frauen tragen ein Pelzmäntelchen!"

„Ja, das ist mir auch aufgefallen, kann es aber nicht erklären. Vielleicht läuft hier eine Aktion oder BB ist unterwegs oder ein Film wird gedreht? Keine Ahnung".
Wir bezahlten und verließen das Café.
An der Ecke war ein Bäcker. Da wir gerade ausführlich über Baguettes diskutiert hatten, beschlossen wir, gleich zwei Baguettes für unser Abendbrot zu kaufen.
Eine Eingangstür war an der Ecke, links um die Ecke herum war eine zweite.
Wir betraten die Bäckerei durch die Ecktür.
Diagonal durch den Laden stand der Verkaufstresen mit zwei Kassen. Hinter dem Tresen eilten 4 Verkäuferinnen geschäftig hin und her. An der linken Kasse warteten 8 oder 9 Personen, an der rechten bezahlte gerade eine ältere Frau.
Ich ging schnurstracks an die rechte Kasse und orderte zwei kleine Baguettes, während die ältere Frau ihr Wechselgeld einsteckte.
Die Verkäuferin schaute mich mit aufgerissenen Augen an, holte zwei Baguettes aus den Regalen und ich legte inzwischen das passende Kleingeld auf den Tresen.
Mit den eingetüteten Baguettes unterm Arm ging ich zur Tür, Schälli trabte hinter mir her.
Da hörte ich, wie jemand im Laden sagte „immer diese arroganten Amerikanerinnen!"
Während ich schon die Klinke in der Hand hielt, drehte ich mich noch einmal kurz um und bemerkte, daß alle Augen auf uns gerichtet waren.
Draußen vor der Tür lachten wir alle beide. Wir fühlten uns keiner Schuld bewußt.
Aber komisch war, daß wir schon wieder für Amerikanerinnen gehalten wurden! Wir hatten keine Idee, woran das lag. Aber

die Bemerkung gefiel mir. Sie hätte mir nicht gefallen, wenn gesagt worden wäre „immer diese arroganten Deutschen!"
Beim Weitergehen wären wir fast über einen Garderobenständer mit Pelzmänteln gestolpert, der vor einem großen Schaufenster auf der Straße stand.
Wie es aussah, mußte es sich um eine chemische Reinigung handeln, in der auch Pelzmäntel aufbewahrt werden konnten.
Auch im Laden standen jede Menge Garderobenständer, die ebenfalls mit Pelzmänteln behangen waren.
An den Pelzmänteln hingen Preisschilder.
Neugierig drehte ich ein Preisschild um, um zu sehen, was so ein Silberfuchs wohl kostet. Na, das war ja fast geschenkt.
„Hier kommen sicher die ganzen Pelzjäckchen und -mäntelchen her, die vorhin an uns vorbeigelaufen sind! Schälli, möchtest Du Dir nicht einen Pelz zulegen?"
„Ach, bist Du denn verrückt! Das ist nichts für mich!" antwortete sie entrüstet.
"Aber die sind warm und kuschelig und billig!" hakte ich nach.
„Nein, das paßt nicht zu mir."
„So ein hübscher Silberfuchs?"
„Laß mich in Ruhe!"
„Oder so eine nette asiatische Bergziege?"
„Jetzt ist es aber genug" schimpfte Schälli, hakte mich unter und zog mich von dem Laden weg.
„Wo willst Du eigentlich mit mir hin?" fragte ich nach einer Weile.
Sie schaute mich mit großen Augen fragend an „ich hab keine Ahnung!?"
„Na, dann laß uns umkehren, wir wollten doch zu Heines Wohnung."
Wir drehten um und kamen wieder am Pelzmäntelchenladen vorbei.
„Na, Schälli, letzte Gelegenheit für einen flotten Persianer?"

Sie schaute mich nachsichtig an und schob mich über die Straße auf die andere Seite.
Wir bogen ein in die Rue Bonaparte, um zu sehen, wo Heinrich Heine einmal gewohnt hat.
„Weißt Du, daß Heinrich in den 25 Jahren, in denen er in Paris gelebt hat, 16 mal umgezogen ist?" fragte ich Schälli.
„Nein, das weiß ich nicht" kam es überrascht zurück.
„Ja, dreimal in die gleiche Wohnung, die sich in der heutigen Rue Henri-Heine befindet. Am längsten hat er in der Rue Poisonnerie gewohnt, dort befindet sich an seinem ehemaligen Wohnhaus auch eine Gedenktafel. Ob es an dem Straßennamen lag, wie auch immer, er hat ja mehrfach bekundet, daß er sich in Paris „wie ein Fisch im Wasser fühlt!"
Wir standen nun in der Rue Bonaparte vor einem Gebäude in dem Heinrich Heine gewohnt hat.
„Na, so schlecht ist doch die Lage gar nicht", räumte Schälli ein.
„Fast an der Seine gelegen ist das doch heute eine Toplage!"
Schälli hatte fast alles von und über Heinrich Heine gelesen, so daß entsprechend seiner „Matratzengruft" in ihrem Kopf die Vorstellung herrschte, er müßte total ärmlich gewohnt haben.
Aber das ist vielleicht relativ in Bezug auf sein Umfeld.
Die Bürgerlichen und Adligen, mit denen er verkehrte, stellten ganz bestimmt höhere Ansprüche an ihren Wohnkomfort als Heinrich Heine.
Zumindest würde das ihr Urteil erklären, Heine lebe in armseligen Behausungen...

Am Quai liefen wir mit der untergehenden Sonne im Rücken zum St. Michel und fuhren von dort mit der Metro nach Hause.
Zum Abendbrot schalteten wir den Fernseher an.
„Na, heute wird es ja nicht wieder eine Lange-Johnny-Halliday-Nacht geben", mutmaßte Schälli.

In ihrer Stimme schwang aber schon so etwas wie eine leise Hoffnung mit!

Wir hörten aus dem Fernseher eine Stimme und schauten uns mit weit aufgerissenen Augen an: das ist doch nicht...?

Nein, *ER* war es nicht. Es war ein Eddy Mitchell, den wir nicht kannten. Aber dieser Eddy hatte auch so eine kraftvolle Stimme und sang ähnliche Lieder wie Johnny.

Nach diesem Lied erklärte er, daß es nach seiner Rückkehr aus den USA sein erster großer Auftritt auf einer Bühne in Paris ist und er sich freut, heute Abend einen seiner besten Freunde begrüßen zu dürfen: Johnny!

Na, jetzt waren wir doch ein bisschen sprachlos.

Die beiden sangen ein wunderbares Duett.

Und wir hatten eine Nacht Zeit, darüber zu grübeln, ob es nun höhere Kräfte gibt oder nicht. Zufälle soll es ja eigentlich nicht geben....

Auf alle Fälle muß ich morgen eine CD mit Eddy Mitchell kaufen!

Wenn ich die Gelegenheit dazu hätte,
würde ich lieber zu meinen Lebzeiten sterben

Coluche

9. Der falsche Friedhof

Der Morgen startete wie immer beim Bäcker, wo wir von den Verkäuferinnen sehr freundlich begrüßt wurden. Man kannte uns schon. Ein schönes Gefühl. So etwas wie „Zu-Hause-Sein".
Es folgte wieder der gleiche Weg wie jeden Morgen zur Metro.
Wir stiegen in die Metro, die wie immer sehr voll war, und schoben uns Zentimeter um Zentimeter in den Mittelgang, weg von der Tür.
Ein Mann mittleren Alters stand mit einem freundlichen Lächeln auf und bot mir seinen Sitzplatz an. Auf der anderen Seite des Ganges bekam Schälli einen Sitzplatz von einem jungen Mann, der wohl an der nächsten Haltestelle aussteigen wollte.
Während der Fahrt konnte ich nur ab und an einen Blick auf meine Freundin werfen. Ich sah, daß ihre Augen feucht wurden. Ein paar Haltestellen später stand ihr das Wasser bis zur Oberkante.
Was ist passiert? Ist sie getreten worden? Hat sie einen kranken Menschen gesehen? Ist ihr nicht gut? War einer von den Rotweinen gestern Abend schlecht gewesen?
Na, sie wird es mir gleich sagen, die nächste Haltestelle mußten wir aussteigen.
Endlich konnte Schälli reden.
„Sind wir schon so alt?" fragte sie.
„????"

„Ja, weil immer, auf jeder Fahrt mit der Metro, egal, wie voll sie ist, die Leute aufstehen, um uns ihren Sitzplatz anzubieten!"
„Nein, ich denke, die Menschen in Paris sind einfach nur höflich, haben mehr Respekt vor Frauen, vor älteren Menschen, besonders vor älteren Frauen...."
(Als ich wieder zu Hause war, las ich in unserer Zeitung, daß nach einer repräsentativen Umfrage des Meinungsforschungsinstitutes YouGov eingeschätzt wird, daß die Deutschen früher höflicher waren. Tür aufhalten, Sitzplatz anbieten, Respekt vor älteren Menschen haben, wird nur noch von 25% der Menschen gelebt.) (YouGov, 2015)

Wir haben inzwischen den Friedhof Père Lachaise erreicht, diesmal war das Tor geöffnet.
Am Eingang gibt es Pläne mit den Namen der bedeutendsten Gräber.
Zweimal oder dreimal studierten wir den Plan, Heinrich Heine war nicht zu finden.
Wir fragten einen älteren Herrn und dieser verwies uns auf den Friedhof Montmartre.
„Na, das hätte ich Dir auch sagen können", sagte meine Freundin entrüstet, „das steht nämlich in *meinem* Reiseführer!"
Ich ärgerte mich kurz über meinen Reiseführer - wiedermal ein Druck- oder Übersetzungsfehler - und behielt die Fassung. Wir waren ja im Urlaub und hatten Zeit.
„Na gut, dann pilgern wir jetzt wenigstens wie all die anderen weitgereisten Touristen an das Grab von Jim Morrisson, schauen uns die anderen Gräber an und suchen nach berühmten Namen. Und morgen gehen wir zum Friedhof Montmartre, der ist ja schließlich nur 5 min von unserem Hotel entfernt."
Kreuz und quer liefen wir über den Friedhof, hielten vor monumentalen Gräbern berühmter Persönlichkeiten inne, genossen

die Stille der parkähnlichen Anlage bis wir genug davon hatten und zur Metro gingen.

Wir begannen unsere heutige Touristen-Runde am Place de la Concorde, bewunderten den Obelisk und die beiden wunderschönen Springbrunnen, liefen zum Élysée Palast, der von außen wenig spektakulär anzusehen ist, drehten um und liefen am Grand und Petit Palais vorbei, überquerten die Seine auf der prachtvollen Pont Alexander, von der wir auf die vielen Ausflugsboote sehen konnten.

Vorbei an der Nationalversammlung gelangten wir zum ehemaligen Bahnhof und jetzigen Museum d´Orsay, gönnten uns hinter dem Museum an einer geschäftigen Ecke einen Café.

In unmittelbarer Nachbarschaft wohnte der Eigentümer des Champagnerhauses „Pommery", Phillippe Pozzo di Borgo, über den der feinfühlige Film „Ziemlich beste Freunde" gedreht wurde.

Er hat inzwischen das Palais an den König von Gabun Ali Bongo verkauft.

Nur ein Buchstabe im Familiennamen ist anders, ein seltsamer Zufall!

Uns war es heute hier zu geschäftig, Möbel wurden aus Transportfahrzeugen auf- und abgeladen, Waren wurden angeliefert, Polizei umrundete das Orsay auf ihrem Kontrollgang.

Fast fluchtartig verließen wir das Bistro und setzten unsere Tour fort.

Über die kleine Brücke erreichten wir die Tuilerien und marschierten weiter bis zum Louvre.

Noch ein Foto von dem kleinen Triumphbogen und dann hatten wir keine Lust mehr. Genug Geschichte für heute.

Außer, daß alles schön und interessant anzusehen war, ist auf der heutigen Tour nichts Aufregendes passiert.

Etwas schlapp hingen wir in der Metro, natürlich auf uns angebotenen Sitzplätzen, und fuhren zurück zum Hotel.
Kurz die Füße hochlegen, etwas essen und dann umkleiden.
Heute Abend gehen wir ins Casino de Paris zu Raphael.
Wir liefen die kleine Straße von unserem Hotel Richtung Süden.
Hinter mir hörte ich zwei Erwachsene hasten und schnaufen.
Ich blieb stehen, um sie vorbeizulassen, denn der Fußweg war schmal und auf der Straße fuhren Autos.
Die beiden Personen kamen bis zu uns heran und blieben stehen.
Völlig außer Atem fragten sie, ob es hier zum Casino de Paris gehe?
„Ja", lachte ich, „dann folgen Sie uns. Wir wollen auch dorthin. Aber wir haben Zeit, es ist nicht mehr weit, Sie können in Ruhe laufen".
Erleichtert folgte uns das Paar.
Im Theater angekommen, hatten wir tatsächlich noch Zeit für einen Prosecco und den genossen wir im prächtigen Foyer. Die einen mögen es Kitsch nennen, wir fanden die Kronleuchter, die roten Samtvorhänge, die kleinen goldenen Lüster neben den großen Spiegeln und die rote Tapete einfach königlich. Beeindruckt gingen wir in den Innenraum, der uns ebenfalls in eine andere Zeit zurück versetzte.
Punkt 20Uhr stand das Publikum plötzlich auf und fing an zu singen.
„Unser" Raphael kam auf die Bühne und freute sich, das Publikum war textsicher und hatte eine gute Stimme.
Die Stimmung könnte besser nicht sein.
Es begann ein spannendes Akustik-Konzert.
Bei einem Titel benutzte Raphael ein komisches Teil, das seltsame Geräusche produzierte.
Schälli rutschte unruhig auf ihrem Sitz hin und her.

„Nachher!" flüsterte ich ihr bedeutungsvoll zu.

Das Konzert war zu Ende, es gab, wie zu erwarten, noch ein paar Zugaben.

Wir ließen das schöne Erlebnis um die Ecke bei einem Glas Rotwein ausklingen.

Jetzt erklärte ich Schälli, daß Raphael ein Theremin oder auch die sogenannte singende Säge benutzt hat. Das Gerät wurde 1919 von dem russischen Physikprofessor Lew Termin entwickelt.

Durch Handbewegungen wird in der Nähe einer Antenne der Schwingkreis eines Oszillators abgelenkt, verändert wieder aufgenommen und akustisch über Lautsprecher wiedergegeben.

Led Zeppelin hat in dem Titel „Whole lotta love" als erste Rockband eine singende Säge benutzt.

„Kennst Du die Serie Inspektor Barneby?" fragte ich.

„Der Titelsong wird auch von einer singenden Säge gespielt."

Schälli war erstaunt, sie kannte zwar die Filmmusik und natürlich den Led-Zeppelin-Titel, hatte aber von einem Theremin noch nie etwas gehört.

Nicht schlimm, man kann ja nicht alles wissen.

Irgendwann liefen wir die 5 Minuten zu unserem Hotel zurück.

Noch einmal umarmen, sich für den schönen Tag bedanken, dann schliefen wir selig ein.

Ehrlichkeit besteht nicht darin, zu sagen, was man denkt, sondern zu glauben, was man sagt

Coluche

10. Heines Geburtstag

Am nächsten Morgen starteten wir nach dem Frühstück (wieder bei „unserem" Bäcker) zum Friedhof, der sich wirklich nur um die Ecke befand.
Wir fanden das Grab auch gleich dank der guten Lagepläne, die es auch hier am Eingang gibt.
Die Sonne schien und das Weiß des Grabsteines leuchtete.
Heine wollte eigentlich ein bescheidenes Grab, aber das „Comité Wiener freisinniger Bürger zur Bekränzung des Heine-Denkmals" spendete ihm zu Ehren dieses würdevolle Grabmal.
Schälli war ganz still. Alle möglichen Gedanken schossen ihr durch den Kopf.
Endlich hatte sich ihr Traum erfüllt.
Nun war sie endlich am Grab von ihrem geliebten Heine.
Ich hielt meinen Mund und ließ sie in Ruhe. Schälli sollte diesen Moment genießen. Schließlich schadet es nicht, auf einem Friedhof still und andächtig zu sein.

Auf dem Grab lag ein großer Rosenstrauß.
Dem Zettel, der daran hing, konnten wir entnehmen, daß ihn der Oberbürgermeister der Stadt Düsseldorf, Heines Geburtsstadt, dort abgelegt hat.
Wir schoben den Strauß wieder schön in die Mitte, wobei meine Freundin an dem Sockel Heines Gedicht „Wo" entdeckte, welches ringsherum eingraviert ist.

Es war unveröffentlicht und erschien erst 1869 in seinen nachgelassenen Schriften.

> Wo wird einst des Wandermüden
> Letzte Ruhestätte sein?
> Unter Palmen, in dem Süden?
> Unter Linden an dem Rhein?
>
> Werd` ich wo in einer Wüste
> Eingescharrt von fremder Hand?
> Oder ruh` ich an der Küste
> Eines Meeres in dem Sand.
>
> Immerhin! Mich wird umgeben
> Gotteshimmel, dort wie hier,
> Und als Totenlampen schweben
> Nachts die Sterne über mir.
>
> *Heinrich Heine*

Auf der anderen Seite des Grabmals angekommen, las Schälli den Schriftzug auf der Blumenschleife:

Zum Todestages von Heinrich Heine
am 17. Februar 1856

Sie stockte plötzlich und starrte auf das Datum:
17. Februar 1856.
„Ist heute nicht der 17. Februar??" fragte sie.
„Ja, heute ist der 17. Februar!!"
Meine Freundin starrte mich fassungslos an, dann schossen ihr die Tränen in die Augen und schließlich fiel sie mir um den Hals.
„Das hast Du mit Absicht gemacht", schluchzte sie und trommelte mit ihren Fäusten auf meinen Rücken.
Ich holte tief Luft und sagte todernst:
„Ein guter Reiseleiter plant so etwas. Auch die Schneeflocken......"
Wir mußten beide lachen.
„Ich hab noch eine Überraschung für Dich. Weißt Du, daß Wolf Biermann lange in Paris gelebt hat?"
„Nein, weiß ich nicht, interessiert mich auch nicht besonders" antwortete Schälli.
„Ja, aber er hat ein schönes Lied über den Friedhof geschrieben. Über den Friedhof Montmartre. Und das Grab von Heinrich Heine!" machte ich Schälli neugierig.
„Ach so??"
„Na, dann werde ich es Dir einmal vorlesen:

Auf dem Friedhof am Montmartre

Auf dem Friedhof am Montmartre
Weint sich aus der Winterhimmel
Und ich spring mit dünnen Schuhen
Über Pfützen, darin schwimmen
Kippen, die sich langsam öffnen
Kötel von Pariser Hunden
Und so hatt' ich nasse Füße
Als ich Heines Grab gefunden.

Unter weißem Marmor frieren
Im Exil seine Gebeine
Mit ihm liegt da Frau Mathilde
Und so friert er nicht alleine.
Doch sie heißt nicht mehr Mathilde
Eingemeißelt in dem Steine
Steht da groß sein großer Name
Und darunter bloß: FRAU HEINE

Und im Kriege, als die Deutschen
An das Hakenkreuz die Seine-
Stadt genagelt hatten, störte
Sie der Name HENRI HEINE!
Und ich weiß nicht wie, ich weiß nur
Das: er wurde weggemacht
Und wurd wieder angeschrieben
Von Franzosen manche Nacht.

Auf dem Friedhof am Montmartre
Weint sich aus der Winterhimmel
Und ich sprang mit dünnen Schuhen
Über Pfützen, darin schwimmen
Kippen, die sich langsam öffnen
Kötel von Pariser Hunden
Und ich hatte nasse Füße
Als ich Heines Grab gefunden.

Wolf Biermann (Biermann, 1982)

Schälli war gerührt.

„Das ist ja richtig schön! Einen passenderen Moment zum Vortragen hättet Du nicht finden können!"

Wir verweilten noch ein paar Minuten auf dem Friedhof und gingen dann zufrieden und glücklich zurück ins Hotel.

Jetzt hieß es, Sachen packen und zum Bahnhof fahren.

In der Bahnhofshalle war es brechend voll, das kannte ich gar nicht.

Die Bahnsteige waren leer, kein Zug stand irgendwo.

Ich schaute auf die Abfahrtstafel, suchte unsere Abfahrtszeit und mein Blick scrollte zu der Spalte, in der normalerweise die Bahnsteige stehen. Keine Angabe.

Meine Freundin schaute auch auf die riesige Tafel, auf der etwa 20 Züge angezeigt wurden und zeigte sprachlos mit dem Finger auf die digitale Anzeige in der linken Spalte.

Ich folgte mit meinen Augen ihrem Zeigefinger, las etwas aufmerksamer und fand in jeder Zeile den Begriff **Cancelled**.

Cancelled!!??

Das heißt ja, daß die Züge alle ausfallen?

„Das kann nicht sein!", sagte ich, „sicher ein Fehler im Computer".

Ich suchte nach einem Info-Punkt, gab meiner Freundin den Hinweis, auf unser Gepäck zu achten und ging zu dem Info-Punkt, vor dem eine riesige Menschenmenge stand.

Ich stellte mich an und fragte nach gefühlten Stunden, auf welchem Bahnsteig denn unser Thalys abfährt.

Die nette Dame riet mir, in 30 Tagen meine Reise anzutreten.

Oder ganz zu Hause zu bleiben.

„Na ja", sagte ich, „meine Reise will ich nicht antreten sondern beenden. Und zu Hause bleiben, in Paris bleiben, wäre keine schlechte Idee, aber Paris ist leider nicht mein Zuhause".

„Ja, heute fahren aber keine Züge nach Köln", bekam ich zur Antwort.

„Wie bitte? Heute fahren keine Züge????"

„Nein, es gab einen schweren Unfall vor Brüssel, die Strecke ist gesperrt".

Fassungslos ging ich zu meiner Freundin zurück.

„Wir müssen in Paris bleiben!" erklärte ich ihr.

„Ja, ich würde liebend gerne in Paris bleiben, aber ich muß morgen arbeiten!" entgegnete sie verzweifelt.

Wir überlegten, wie wir von Paris wegkommen könnten.

Mit einem Bus. Per Anhalter. Vielleicht kann man ja auf Umwegen bis Brüssel fahren.

An den großen Ein- oder Ausgangstüren standen bereits geschäftstüchtige junge Männer, die eine Privatfahrt in ihrem PKW anboten.

Ich ging zu einem anderen Infostand und fragte nach Alternativen.

„Ja, eventuell fährt in 2 Stunden ein Zug nach Brüssel, schauen Sie auf den Bahnsteig 11", bekam ich als Antwort.

Wir besorgten uns etwas zu Essen und Trinken und gingen anschließend zum Bahnsteig 11.

Nach einer Weile wurde tatsächlich ein Zug bereitgestellt, der letztendlich auch tatsächlich nach Brüssel fuhr.

Im Zug erfragten wir bei den Fahrkartenkontrolleuren eine Anschlußverbindung und erfuhren dabei auch von dem schweren Zugunglück mit so vielen Toten.

Die Strecke war schon 2 Tage gesperrt und sollte auch erst in 2 Tagen wieder freigegeben werden.

Verschärfend kam noch dazu, wegen des schweren Unglücks streikten die Lokführer in Belgien, die Sicherheitsvorrichtungen der Bahn wurden scharf kritisiert.
In Brüssel, wo wir ziemlich müde ankamen und während des kurzen Aufenthaltes nur herumdösten, konnten wir dann umsteigen und bis Köln fahren.
Am späten Abend in Köln angekommen, gab es keine Zuganschlüsse mehr.
Ein Voucher für eine Hotelübernachtung war uns offeriert worden, aber das Thalysbüro hatte bereits geschlossen.
Gleich im Bahnhof befindet sich ein Hotel, in dem wir glücklicherweise sofort ein freies Doppelzimmer buchen konnten.
Einen Blick auf den Kölner Dom bei Nacht gönnten wir uns noch und dann gingen wir todmüde in unser Hotelzimmer schlafen.

Nach dem Frühstück im Hotel fuhren wir auf getrennten Wegen heimwärts.
„Was für eine aufregende Woche war das! Aber auch soooooo schöööööön", sagte meine Freundin beim Abschied.
Wir drückten uns, umarmten uns.
„Fährst Du wieder einmal mit mir nach Paris?"
„Klar", sagte ich, „nächstes Jahr! Aber nicht mit dem Zug!"
„Wie denn, mit dem Taxi?"
„Nein, wir fliegen….."

*Ich möchte die Völker, die vor Hunger sterben, beruhigen:
hier ißt man für euch mit*

Coluche

11. Scheißkerl, Arschloch, Bastard

Der Postbote brachte mir einen dickeren Umschlag:
Rosita schickte mir eine CD mit den besten Empfehlungen für diesen französischen Musiker namens Jean-Jaques Goldmann.
Ich hörte mir die Titel gleich an und fand die Musik sehr flott und angenehm, gut zu hören.
Wie der Typ wohl aussieht?
Ich stöberte im Internet und fand zunächst Ausschnitte aus einem Konzert, dann die DVD mit dem ganzen Konzert und schließlich seine Biographie.

Die Biographie las ich sofort, die DVD bestellte ich mir und hatte sie ein paar Tage später in Händen.
In diesem Konzert gibt es einen Titel, bei dem mir der Atem stockte:
Unter steigender Spannung der Musik wird die Bühne langsam von hinten in die Höhe gekippt, bis sie bei 90° senkrecht steht.
Die Musiker und die Instrumente sind angeschnallt, es sieht unglaublich aus!
Ich habe bereits schwebende Schlagzeuger und fliegende Geiger gesehen, aber so etwas noch nicht!
Jean-Jaques hatte lange an dieser Idee getüftelt und in deren Umsetzung eine Menge investiert.

Obwohl das Konzert bereits 10 Jahre alt ist, habe ich bislang nichts Ähnliches bei anderen Bands gesehen. Wirklich ein absolutes Highlight!
In der Biographie las ich, daß er mit einem gewissen Coluche „Les Enfoirés" gegründet hat.
Hatte ich nicht gerade in Paris von einem Coluche gehört? Der im Schlachthof Spendenaktionen startete? Ist das der gleiche Coluche?
Wieder stöberte ich im Internet.
Coluche wurde 1945 in Italien geboren, war Schauspieler und Komiker (vielen vielleicht bekannt aus dem Film „Brust oder Keule").
1980 wollte er für das französische Präsidentenamt kandidieren, um gegen die politischen Mißstände im Land zu protestieren, bewarb sich letztlich aber nicht, obwohl er nach Umfragewerten 16% der Stimmen erhalten hätte!
Im Februar 1985 war er gerade dabei, einen Scheck über 3 Millionen Franc für das Finanzamt zu unterschreiben, da rechnete ihm seine Köchin vor, daß für diesen Steuerbetrag 200.000 Essen für Bedürftige ausgegeben werden könnten.
Gleichzeitig beschäftigten ihn die neue Armut in Frankreich und das Engagement einiger Künstler gegen die Hungersnot in Äthiopien.
Da kam ihm die Idee, statt Lebensmittelüberschüsse zu vernichten, um die Marktpreise zu halten, sollten diese lieber an Bedürftige verteilt werden.
Am 26. September 1985 appellierte er live auf Europa 1 zum Aufstand gegen die Lebensmittelverschwendung einer Konsumgesellschaft und der Zerstörung von Agrarüberschuß in Frankreich und Europa.

Er rief Menschen und Unternehmen auf, in Paris und anderen Großstädten Kantinen einzurichten und möglicherweise 2000 – 3000 Essen am Tag zu verteilen.
Von Anfang an erhielt er Unterstützung von zahlreichen Persönlichkeiten und durch umfangreiche Berichterstattung in den Medien die Aufmerksamkeit der politischen Klasse und gewann zahlreiche Freiwillige.
Nach der bereits seit 1901 existierenden rechtlichen Form einer gemeinnützigen und nicht-gewinnmachenden Vereinigung wurden am 14. Oktober 1985 die „Restaurant des coeur" (Die Restaurant der Herzen), abgekürzt *Restos du coeur*, zum Kampf gegen die Armut gegründet. *(Les Restos du coeur, 2016)*
Bereits im Winter 1985/86 konnten mit 5000 Freiwilligen 8,5 Millionen Essen ausgegeben werden.
Ja, wirklich, sage und schreibe achtkommafünfmillionen Essen!
Coluche wußte: der beste Motor, noch mehr Essen anbieten zu können, war sein eigenes Vorbild und das seiner Freunde.
Im Winter 1985 realisierte er seine Idee und gründete die „Les Enfoirés".
Was aber heißt nun „L´Enfoirés"?
In meinem Wörterbuch wurde ich nicht fündig.
Im Internet schlug mir das erste Wörterbuch zunächst „Arschloch" vor. Na, das klingt ja sehr vulgär!
Zweites Wörterbuch übersetzte es mir mit „Scheißkerl". Nicht viel besser.
Nächstes Wörterbuch bot mir „Bastard" an. Na toll!
Ich konnte darin keinen Sinn, keinen Zusammenhang mit einer Organisation finden!
Also, weitersuchen.
Nächstes Wörterbuch, wohlgemerkt Französisch – Deutsch: zeigt mir „Motherfucker" an. Das soll Deutsch sein? Da hab ich aber erhebliche Zweifel.

Weitersuchen.
Jetzt hab ich die „Gearschten" gefunden. Das klingt ja nicht ein bisschen gemäßigter.
Als ich endlich die „Benachteiligten" finde, klingelt es bei mir. Daraus folgerte ich, dieser Coluche startete eine Hilfsaktion für Benachteiligte.
Beim offiziellen Start der Essen am 14. Dezember 1985 bietet Daniel Balavoine als erster Künstler dem Verein seine Unterstützung an.
Als Multiplikator für die Spendenaufrufe diente Antenne von Europa 1.
Am 26. Januar 1986 wird im nationalen Fernsehen eine Show den ganzen Nachmittag ausgestrahlt: eine außergewöhnliche Plattform auf der Politiker von allen Seiten, Führer aller TV- und Radio-Sender, Künstler aller Genres und Sportler aller Disziplinen vertreten waren.
Coluche bat kurze Zeit später Jean-Jacques Goldman, ihm einen eigenen Song, eine Art Hymne, zu schreiben, um die Massen zu mobilisieren.
Der Song „Restos du coeur" handelt vom Essen und wird von Coluche selbst, zwei Schauspielern (Yves Montand und Nathalie Baye), einem Mann des Fernsehens (Michel Drucker), einem Sportler (Michel Platini) und einem Sänger (Jean-Jacques Goldman) vorgetragen.
Für diesen Text gibt es bisher nur eine offizielle Übersetzung in Englisch.
Mühsam hab ich versucht, diesen Text ins Deutsche zu übersetzen und auch noch so zu formulieren, daß man ihn zu der Melodie singen kann:

Lyric „Restos du coeur"

1.
Ich hab 'nen Termin mit denen, die nichts mehr haben
Außer Ideologie, Sprache, Schwätzerei.
Wir versprechen keinen außergewöhnlichen Abend,
aber Essen und Trinken während des Winters.
Für die Erfolglosen unabhängig vom Alter oder Arbeitslosigkeit,
ausgeschlossen vom süßen Leben und der Wohlfahrt.
Wenn wir uns um Euch kümmern, sind wir Egoisten,
vielleicht sind morgen unsere Namen auf diesen Listen.

2.
Einst hatte jeder einen Platz am Tisch,
einen Stuhl, eine Suppe, ein Dach über dem Kopf.
Heute sind unsere Augen und Türen geschlossen.
Wir fühlen immer, daß die anderen uns zur Last fallen.
Ich hab kein schlechtes Gewissen, nichts hält mich vom Schlaf ab.
Aber um ehrlich zu sein, es verdirbt mir den Spaß.
Es ist wirklich nicht meine Schuld, daß andere hungrig sind,
aber es könnte es werden, wenn niemand etwas ändert.

3.
Ich habe keine Lösung, um Dein Leben zu ändern,
aber ich kann Dir für ein paar Stunden helfen – auf geht's!
In der Tat, es gibt andere Nöte, zu viele, um sie aufzuzählen.
Aber dies geschieht hier, hier und heute!

Refrain:
Heute aber hat keiner mehr das „Recht",
hungrig zu sein oder zu frieren.
Vorbei ist jetzt, an sich zu denken.
Wenn ich Dir helfe, helf ich mir.
Versprich Dir keine große Nacht,
nur etwas Trinken und ein Brot.
Ein bisschen Wärme und ein Essen:
Im Resto, Restaurant der Herzen.

Leider verunglückte Coluche im Juni 1986 bei einem Motorradunfall auf tragische Weise tödlich.

(Ihm zu Ehren wurde 2006 am Parc Montsouris der Place Coluche eingeweiht.)

Im Jahr 1988 wurde das Coluche-Recht erneuert, indem jetzt auch kleinere Spender (die zahlreichsten) von Steuervorteilen profitieren können, was zuvor nur den wichtigsten, größten Gebern vorbehalten war.

Die neueste Version ermöglicht eine Steuerermäßigung von 75% für eine Spende in Höhe von bis zu 470 Euro.

Das Gericht hat bei den jährlichen Rechnungsprüfungen festgestellt, daß die Verwaltungsgebühren zu den niedrigsten der üblichen Gebühren für Verbände zählen.

Die Restos du Coeur setzen sich inzwischen aus 11 nationalen Knotenpunkten, 119 Verbänden und mehr als 2000 Zentren zusammen.

2014 wurden bereits 130 Millionen Mahlzeiten dank 67.600 Freiwilliger an eine Million Menschen verteilt.

Überleg mal, einhundertdreißig Millionen Mahlzeiten!!!

Aber der Verein verteilt nicht nur Essen, er kümmert sich auch um Wohnungen für Obdachlose, Integrationsprojekte, Sprachkurse, Workshops und vieles mehr.

Neben den Spendengeldern kommen dem Verein vor allem die Einnahmen aus dem Verkauf der Tickets, DVDs und CDs den Enfoirés zugute.

Im Jahr 1989 gab es die erste Tournee der Enfoirés mit Jean-Jacques Goldman, Michel Sardou, Eddy Mitchell, Véronique Sanson und Johnny Hallyday, um in Frankreich mehr Spendengelder zu sammeln.

(Na, sieh mal an, da waren ja von fünf Beteiligten drei unserer Lieblinge dabei!!)
Ab 1992 nehmen beim Konzert der Enfoirés mehr und mehr Künstler und Persönlichkeiten teil.

Dazu findet jährlich eine Groß-Veranstaltung statt, an der ca. 40 französisch sprechende Künstler (die Musiker, Sänger, Schauspieler, Sportler, Komiker nehmen keine Gage und verzichten auf Tantiemen!) teilnehmen.
Sie findet jedes Jahr im Januar in einer Großstadt Frankreichs statt, wird an 6 Abenden gezeigt und ist das größte Medienspektakel der frankophonen Welt und Europas mit ca. 14 Millionen Zuschauern.
Die Hymne wird heute bei allen Shows der Enfoirés am Anfang und Ende von den Künstlern, dem Publikum und den freiwilligen Helfern gesungen, mehrfach wird der Refrain wiederholt.
Im Hintergrund hängt ein überdimensionales Foto von Coluche.

Jede Veranstaltung hat ein Thema, die Künstler (von Adamo bis ZAZ – ordentlich auf der Website archiviert) verwandeln dafür französische Chansons und internationale Rockmusik mit viel Aufwand zu einer neuen, gespielten Geschichte.
Die Ausschnitte, die ich mir gleich im Internet ansah, gefielen mir außerordentlich (mein lieber Mann verglich diese umgehend und charmant wie immer mit dem „Kessel Buntes"), so daß ich mir sofort eine DVD bestellen mußte.
Ich glaube, es gibt nicht so viele Menschen in Deutschland, die die Enfoirés kennen?
Na, mittlerweile sind es doch schon einige, die sich meine gewachsene Sammlung aus den letzten 20 Jahren angesehen haben, sich die DVDs selbst gekauft und die Botschaft bzw. die Begeisterung weitergetragen haben.

Total überrascht war ich, als ich las, auch in meiner Geburtsstadt Leipzig gibt es seit 1995 ein Restaurant der Herzen.
Auf dem Gelände der Stadtwerke, in der Bornaischen Straße 120 wird 31 Tage lang (vom 06. Dezember bis 6. Januar) ein 3-Gänge-Menü für Bedürftige serviert.
Diese Aktion erreicht zwar noch nicht solche gigantischen Zahlen wie in Paris, aber es ist ein wichtiger Schritt in die richtige Richtung.
Und wie ich die Leipziger kenne, sind sie spendenfreudig, großzügig und sozial, so daß die Hilfe ganz bestimmt erweitert werden kann.
Ich frage mich jedoch, ob die Leipziger wissen, was die „Restos" sind, wie erfolgreich sie in Frankreich arbeiten, wie die L'Enfoirés diese Spendenaktion unterstützen?
Vielleicht könnte einmal so eine DVD während der Wintermonate den Helfern und Bedürftigen gezeigt werden?
Dann haben vielleicht alle Spaß und wären noch motivierter?

Abb. 1:
Hertford House Wallace Collection in London

Abb. 2:
Wallace-Brunnen vor dem Eingang

Abb.3: Heine-Grabmal auf dem Friedhof Montmartre, Paris

Abb. 4:
Sir Richard Wallace 1857

Abb. 5:
Porträt Sir Richard Wallace im Christchurch Manison, Ipswich

Abb. 6: Wallace-Brunnen in blau

Abb. 7: kleiner Wallace - Brunnen

Abb. 8: Wallace - Brunnen, Einbaumodell

Abb. 9: Fontaine des Innocents

Abb. 10 und 11: im Park Chateau Bagatelle

Abb. 12:
Hertford British Hospital in Paris

Abb. 13:
Innenhof mit Wallace - Brunnen

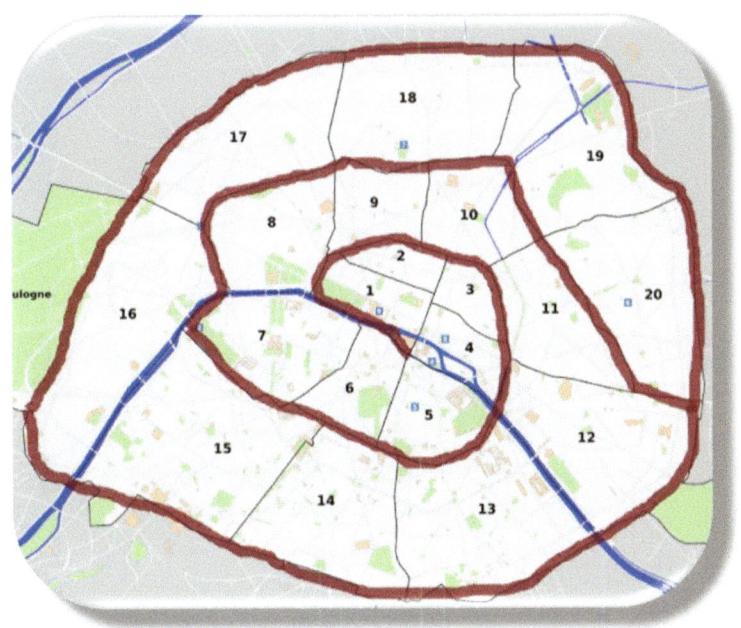

Abb. 14:
Pariser Schnecke

Abb. 15:
Coluche als Wandmosaik in der Rue des cinq Diamants auf dem Wachtelhügel

Abb. 16: „Udder belly" in London

Abb. 17:
Chihuli-Kronleuchter, Victoria & Albert Museum in London

*Die Journalisten glauben zwar nicht die Lügen der Politiker,
aber sie verbreiten sie und das ist schlimmer*

Coluche

12. Die Bildbände

Die Sonne scheint durch die großen bis zum Boden reichenden Fenster und um mich herum ist es ruhig, wie es von einer ländlichen Idylle nicht anders zu erwarten ist.
Ich schaue über die abgeernteten und mit Raureif bedeckten Felder auf den saftig grünen Nadelwald, der bis zum Horizont reicht. Das Feuer lodert im Kamin und in mir ist eine freudige Unruhe.
Ich sitze am Schreibtisch vor fünf verschiedenen Bildbänden von Paris, die ich gestern in der Bücherecke des Sozialkaufhauses fand, obwohl ich sie gar nicht gesucht hatte. Es waren genau 5 und 5 Freundinnen - Schälli kommt wieder mit! - fahren mit mir bald nach Paris.
Mir war die Idee gekommen, die Tickets und Reiseunterlagen für die nächste Reise in diesen Bildbänden zu verpacken und meinen 5 Freundinnen zu schicken.

Ich blätterte diese Bildbände zunächst noch einmal durch, um als Paris-Liebhaber zu prüfen, ob ich die Ansichten von Paris alle wiedererkenne oder ob es Stellen gibt, die ich noch nicht gesehen habe, aber vielleicht unbedingt sehen sollte.
Da fiel mein Blick auf das ganzseitige Foto einer grünen Bronzeskulptur.

Ach, das ist ja die Skulptur, die meine Freundin Schälli und ich bei unserer Reise Anfang des Jahres vor dem Friedhof Père Lachaise gesehen hatten!
Nein, stimmte nicht ganz, denn diese befindet sich woanders, wie aus der Bildunterschrift hervorgeht.
Somit gibt es also mehr als eine Skulptur dieser Art! Und diese Skulptur war demnach ein Trinkbrunnen, wie ich dem Text entnehmen konnte.
Ferner las ich, daß ein Engländer, ein Krankenwagenfahrer namens Richard Wallace, diese Trinkwasserbrunnen gespendet hat.
Aja. Diese schöne Skulptur, die wir fotografiert hatten, war also ein öffentlicher Trinkwasserspender. Nicht schlecht!

Das Telefon klingelt. Schälli reißt mich aus meinen Gedanken, sie hat Neuigkeiten:
„Ich hab eine neue Stimme"!
„Du klingst aber so wie immer!"
„Nein, ich habe eine französische Sängerin gefunden! War im Hessischen Rundfunk, *Nolwenn Leroy* – mußt Du mal suchen und anhören!"
„Ja, mach ich, aber nicht gleich...!"
Etwas später ließ mir die Neugier keine Ruhe, ich suchte und fand die Sendung.
Die hübsche junge Frau singt zum 60. Jahrestag des Bagad Lann-Bihoué.
Was ist das denn nun wieder!?
Ich hatte die Assoziation von Bagaluten, es gibt ja auch die Bagaluten-Weihnacht. Hat das etwas miteinander zu tun?
Was sind eigentlich Bagaluten? Ich wußte es nicht, also nachlesen.

Nun, man ist sich über die Herkunft des Begriffs nicht ganz sicher.
Eine Vermutung lautet, es käme aus dem Englischen von „bag o´loot", also einer Tasche mit Hehlerware. Bagaluten wären demnach Kleinkriminelle.
Oder es käme von „bag o´louts", was so viel wie Flegel, Lümmel bedeutet.

Und was ist nun das Bagad Lann-Bihoué?
Ein „bagad" entspricht dem Englischen „pipe and drums", also einem Ensemble von Musikern, die Dudelsack und Schlagzeug spielen.
Lann Bihoué ist der größte Militärflugplatz Europas in der Nähe von Lorient, im Nordwesten von Frankreich, fand ich heraus.
1952 gründete der einzige überlebende Marineflieger, der in Schottland stationiert war und die Musik mitbrachte, mit mehreren Freiwilligen das erste Bagad.
1956 wurde das Bagad der Marineeinheit von Lann-Bihoué eingegliedert.
1969 sollte das Bagad aufgelöst werden, die Entscheidung wurde aber unter öffentlichem Druck aufgehoben.
Nach einer wechselvollen Geschichte besteht das Bagad Lann-Bihoué heute aus 30 Musikern (8 Dudelsäcke, 13 Rohrblattinstrumente, 6 Schlagzeuge und 3 Percussion), einem Marineoffizier sowie einem General und ist dem Außenminister unterstellt.
Jedes Jahr gibt es ungefähr 10.000 Bewerbungen von Wehrpflichtigen, die Verträge werden für ein Jahr unterzeichnet und können dreimal verlängert werden.
Die Musiker schreiben ihre Stücke und arrangieren ein Repertoire für 90 Minuten selbst.

Sie haben die Aufgabe, die französische Marine und das kulturelle Erbe der Bretagne zu verbinden und bei offiziellen Staatsempfängen, Militärparaden, zu offiziellen Anlässen im Ausland und Festtagen zu präsentieren.
Sie nehmen jedes Jahr an dem Intercelticfestival in Lorient, an Weltmeisterschaften und anderen Kulturveranstaltungen teil.
(Bagad de Lann Bihoué, 2016)
Alain Souchon hat ein Lied komponiert, welches „Bagad de Lann-Bihoué" heißt.
Dies wird auch von der Band „Soldat Louis" gespielt und nun eben gerade von Nolwenn Leroy gesungen.

Mit der Musik im Hintergrund blätterte ich weiter durch meine Bücher.
Im übernächsten Bildband fand ich wieder ein Foto von dem wunderschönen Trinkbrunnen und las gespannt die Bildunterschrift:
„Diese Skulptur war ein Geschenk von einem in Paris verliebten amerikanischen Wettmilliardär, das eigentlich dazu bestimmt war, den Passanten kostbares Trinkwasser zu spenden und heute gemeinsam mit den alten Straßenlaternen nur noch ein nostalgisches Sinnbild darstellt." *(Staub, 1985)*
Na, jetzt war ich doch ein wenig irritiert.
Was denn nun, ein Engländer oder ein Amerikaner?
Ein Krankenwagenfahrer oder ein Spieler? Das mußte ich genauer wissen, dem mußte ich auf die Spur gehen....
Wer war dieser Mann? Wer war dieser Richard Wallace?
Ich bemühte das Internet und wurde von einer Überraschung zur nächsten gejagt.
Erst einmal fand ich eine Menge Personen, die den Namen Richard Wallace haben.

Anhand der Jahreszahlen konnte ich das etwas einschränken.
Es mußte ja ein Engländer oder Amerikaner sein, damit konnte ich weiter aussortieren.
Schließlich las ich unter einem Namen: „seine Wallace-Brunnen" – das war der Richtige Richard Wallace!
Als erstes las ich seinen Lebenslauf.
Alles, was ich über diesen Herrn erfuhr, faszinierte mich.
Na, das war ja eine aufregende Geschichte, die muß ich meinen Freundinnen in Paris erzählen.
Ich bezweifelte, daß sie den Namen dieses Mannes kennen bzw. von ihm gehört hatten.
Nie zuvor hatte ich diesen Namen schon einmal gelesen.
Oder, hast Du schon einmal diesen Namen gehört? Nicht zu verwechseln mit Edgar Wallace?

Beim Weiterlesen hatte ich herausgefunden, daß er das Feldlazarett zu einer Militärambulanz weiterentwickelt hat und ein **Krankenhaus gründete**, - ach, so ist das gewesen!
Er gründete ein Krankenhaus!!!!
Da hat wohl jemand falsch übersetzt und ein anderer einfach abgeschrieben, von wegen **Krankenwagenfahrer***!!*
Na ja, aber dank dieses Schreibfehlers bin ich überhaupt erst auf diesen Namen aufmerksam geworden.
Aber wo ist denn nun das Krankenhaus? Gibt es das überhaupt noch?
Diese Frage zu beantworten gestaltete sich ebenfalls als äußerst schwierig.
Im Internet wurde ich nicht fündig.
Allerdings gibt es einige Bücher über ihn, die ich sofort bestellte.
In einem Buch fand ich dann den Hinweis, er gründete ein Krankenhaus *in der Nähe von Paris.*

Wo ist die *Nähe von Paris*? In welchem Umkreis soll ich suchen?
Im nächsten Buch las ich voller Freude die konkrete Angabe: in Neuilly-sur-Seine.
Jetzt war ich beruhigt. Ich hatte die Absicht, mir bei nächster Gelegenheit das Krankenhaus einmal im Internet anzuschauen und seine Geschichte herauszufinden.
Bei dieser nächsten Gelegenheit erschienen auf meinem Monitor jede Menge Hinweise auf ähnliche Bücher.
Meist nerven mich diese Werbehinweise, die nach dem Besuch einer Website auftauchen.
Aber jetzt staunte ich nicht schlecht, als ich die Prachtausgabe zum 130. Jubiläum des Krankenhauses angeboten bekam!
Sofort kaufen war eine Option, obwohl das Buch damit sehr viel teuerer wurde.
Aber das Gefühl, mit der gesamten Summe eine Spende für das Krankenhaus zu leisten, stimmte mich zufrieden.

Zwei Tage später kam das dicke Buch mit der Post.
Mein Herz schlug höher. Das war wie Weihnachten. Zu meiner Kindheit.
Da ich inzwischen schon so Einiges über Richard Wallace gelesen hatte, war ich jetzt total neugierig, gespannt, aufgeregt.
Eigentlich sollte jeder das Buch lesen, der sich für Geschichte und Adelshäuser interessiert. Es ist in Englisch und Französisch (doppelseitig) erschienen.
Darin stand es nun schwarz auf weiß:

Im April 1879 wurde das Krankenhaus in der Rue Villiers (heute ist der Eingang um die Ecke, in der Rue Barbès) in Levallois-Perret – was zu Neuilly-sur-Seine gehört – eingeweiht.

Es steht also an der nord - westlichen Peripherie von Paris.
Meine Touren in Paris werde ich auf das Leben und Wirken von Richard Wallace abstimmen. Ein bisschen jedenfalls.
Die Reiseunterlagen samt Bildbänden übersandte ich meinen Freundinnen.
Noch ein paar Wochen, dann werden wir uns alle in Paris treffen.
Alles war vorbereitet. Ich hatte nichts mehr zu tun, außer mich zu freuen.

Die Männer würden weniger lügen, wenn die Frauen weniger Fragen stellen würden

Coluche

13. Mit Krücken in Paris

Auf dem Flughafen Charles de Gaulle trafen wir uns fast zur gleichen Zeit im Terminal 2.
Wir hatten uns für das Fliegen entschieden, es war preisgleich, zeitlich etwas kürzer als die Zugfahrt und Paris war für meine aus allen Ecken Deutschlands kommenden Freundinnen besser zu erreichen.
Schälli und ich waren von Hannover geflogen und betraten nun das Terminal.
Wir entdeckten auch sogleich Barbara, die von Leipzig geflogen war und schon auf uns wartete.
Frisch frisiert (eben ein echter Sachse) und flott gekleidet erschien die zierliche Witwe.
Sie spricht kein Französisch, reist aber leidenschaftlich gern, so freut sie sich nun sehr, endlich auch Paris kennenzulernen.
Kurz darauf landete Rosita aus Düsseldorf.
Schlank, chic wie immer, mit raspelkurzen weißen Haaren und strahlendem Gesicht kam sie auf uns zu gelaufen.
Sie und ihr Mann haben 3 große Hunde, sodaß eine Städtereise – egal wohin – nie in Betracht kam.
Sie spricht französisch, was für mich sehr hilfreich ist.
Gaby und Elfi treffen fast zeitgleich ein.
Gaby ist groß und schlank, ihre kunstvoll hochgesteckten Haare passen perfekt zu ihrem eleganten Outfit.

Auch sie reist viel, spricht französisch, aber ihr lieber Mann ist der Meinung – obwohl er hier jahrelang beruflich tätig war – Paris sei langweilig!
Und die letzte im Bunde, Elfi mit ihrem frechen Kurzhaarschnitt und voller Energie, freute sich auch sehr auf Paris, da ihr Mann vorzugsweise Natur pur, Berge und Wandern liebt.
Wie es aussieht, scheint Paris eine Stadt für Frauen zu sein!?
Die Begrüßungszeremonie verlief etwas holprig, meine Krücken waren dauernd im Weg.
„Was hast Du denn gemacht?" kam auch umgehend die erste besorgte Frage.
„Ist nichts weiter. Nur eine längst fällige Meniskusoperation."
„Und wie willst Du damit durch die schmalen Metro-Eingänge kommen, die auch noch so schnell schließen?" sorgte sich Schälli.
„Wir werden diesmal viel mit dem Bus fahren. Ich habe mich informiert.
Da die U-Bahn in Paris über 100 Jahre alt ist, fand man keine bezahlbare bzw. durchführbare Lösung, alle Zugänge behindertengerecht umzubauen. Dafür steckte die Stadt viel Geld in den Aus- und Umbau des Busnetzes.
Es werden große Busse mit absenkbaren Plattformen und mit viel Platz für Kinderwagen und Rollstühle eingesetzt, Bordsteinkanten, Haltestellen, Ampeln, Überwege – alles wurde vorbildlich und aufwendig umgestaltet", erklärte ich.
„Prima, im Bus sehen wir mehr!" freute sich Rosita.
„Ja, die Wege beim Umsteigen sind auch kürzer. Und da wir nun dank der eigenen Busspur nicht mehr im Stau stehen müssen, sind wir – außer auf langen Strecken - fast schneller als mit der Metro. Also, macht Euch um mich keine Sorgen!"

Nach all den freudigen Umarmungen schweiften meine Blicke jetzt suchend durch das Terminal.

Meine Freundinnen fragten irritiert, denn sie wußten, daß ich mich auskenne, „was suchst Du denn, der Ausgang ist doch dort!"

Ich wollte aber noch nicht zum Ausgang, zuerst wollte ich meinen Freundinnen etwas zeigen.

Schließlich entdeckte ich das Objekt meiner Begierde und marschierte mit ihnen dorthin.

„Das ist ein Wallace-Brunnen! Schon einmal gehört oder gesehen?"

„Nein", war die kollektive Antwort, etwas anderes hatte ich auch nicht erwartet. Nur Schälli grinste wohlwissend.

„Gut", sagte ich, „eine Erklärung dazu gibt es später".

Wir machten Fotos, alle waren beeindruckt von dieser Skulptur. Meine Überraschung war gelungen.

Schließlich ging es zum Expreß und wir fuhren zum Gare du Nord.

Dort besorgten wir uns am Automaten ein carnet (eine sehr günstige Zehnerkarte) und fuhren dann ein paar Minuten mit dem Bus zu unserem Hotel.

Diesmal war es mir endlich gelungen, ein großes Apartment zu buchen.

Das hatte nicht nur Preisvorteile, wir konnten auch ausschlafen, in Ruhe frühstücken (außer Kaffee und Croissants brauchten wir nichts weiter) und auch abends noch alle zusammen in einem Wohnzimmer bei einem Weinchen den Abend ausklingen lassen.

Wobei es eben nicht störte, wenn die eine oder andere von uns schon eher ins Bett wollte, vorher ins Bad ging, um sich danach

im Schlafanzug noch einen Moment zu uns zu setzen, da wir unaufhörlich quatschen konnten.
Nach dem Einchecken im Hotel packten wir unser Picknick zusammen und unternahmen einen abendlichen Rundgang durch Montmartre, der mit der Sacre Coeur begann.
Obwohl es die Möglichkeit gibt, mit dem Funicular nach oben zu fahren, zogen wir es vor, die Stufen zu nehmen.
Für mich mit meinen Krücken war das eine echte Herausforderung.
Aber mein Chirurg hatte gesagt, „alles machen, bis es nicht mehr geht. Und dann eine Pause mit Kaffee oder Rotwein einlegen, das dürfte in Paris ja kein Problem sein."
Nach der Hälfte der Stufen ging es nicht mehr. Und nun? Hier war weit und breit kein Café!
Da fiel mir aus irgendwelchen unerklärlichen Gründen die DDR-Parole "Vorwärts immer, rückwärts nimmer" ein.
Also, weiter Stufen steigen, wenn auch langsam.
Meine Freundinnen warteten geduldig auf mich. Eigentlich genossen sie es, da ich sonst immer die Rennsemmeln anhabe und meistens gebremst werden muß.
Oben angekommen, setzten wir uns auf eine Bank und ich durfte endlich den ärztlich angedrohten Rotwein trinken.
Wir picknickten zwischen vielen Menschen, einige spielten Gitarre, andere zündeten ein Feuerwerk, wieder andere boten Kleinkunst an, dazwischen verkauften Händler Souvenire.
Alles diente einfach dazu, das Leben zu feiern.
Nachdem wir das Alles eine Weile genossen hatten und fertig mit unserem Picknick waren, betraten wir die hell erleuchtete Sacre Coeur, wo gerade eine Mette begann.
Bei der feierlichen Orgelmusik wurden meine Mädels von ihren Gefühlen eingeholt.

Jede hatte gerade Verluste eines geliebten Menschen zu verkraften, kein Wunder, daß da die Tränen liefen. Aber man darf auch mal weinen.

Ich stand mit meinen Krücken wie eine griechische Säule – die Betonung liegt auf Säule, nicht auf Griechisch! - und drückte mal die eine, dann die andere, während ich versuchte, tröstende Worte zu finden.

Als sich alle wieder beruhigt hatten, nahmen wir einen kleinen Umweg über den Place Emile Goudeau (ich wußte, daß dort ein Brunnen steht), um zum Abend noch einen Wallace-Brunnen bewundern zu können, bevor wir am Place de Tertre in einem Freisitz (nicht im „Bistro") einen Tisch unter einem Gasheizstrahler ergatterten.

In aller Ruhe beobachteten wir die verbliebenen Künstler und Touristen und gönnten uns zur Feier des Tages ein Gläschen Rotwein.

Jetzt hatte ich Gelegenheit, mit der Geschichte von Richard Wallace anzufangen.

Ich glaube, daß die Armen für die Gesellschaft unentbehrlich sind, allerdings unter der Bedingung, daß sie arm bleiben

Coluche

14. Sir Richard Wallace

Richard wurde 1818 als unehelicher Sohn des 4. Marquess of Hertford und Frau Agnes Jackson geboren und in Paris von seiner Großmutter Mie-Mie ab seinem sechsten Lebensjahr aufgezogen. *(Richard Wallace and the 4th marquess of Hertford, 2016)*
Ich habe eine kleine Übersicht der Familie an das Ende dieses Kapitels gestellt.
Der 4. Marquess hat nie seine Vaterschaft anerkannt, deshalb nahm Richard im Jahre 1842 den Mädchennamen seiner Mutter an und hieß nun Richard Wallace.
Im Jahr 1870 (da war Richard 52 Jahre alt) erbte er die immense Kunstsammlung seines Vaters, die sogenannte Wallace Collection, die Pariser Wohnung in der Rue Lafitte Nr. 1 (direkt an der Opéra Garnier (also beste Wohnlage!) - übermorgen gehen wir dort vorbei -, das kleine Lustschloß von Bagatelle (im Bois de Boulogne, 1777 gebaut für den Comte d`Arthois) und Güter in Irland.

Das Schloß Bagatelle werden wir morgen besuchen, kündigte ich meinen Freundinnen an.
Richard Wallace war einer der herausragendsten und zugleich zurückhaltendsten Mäzene.

1870 beschloß er, das Erbe seines Vaters allen Parisern zu Gute kommen zu lassen, was ihm große Beliebtheit einbrachte. Im Gegensatz zu anderen Mitgliedern der Oberschicht, für die karitative Werke lediglich Mittel zur Steigerung ihrer Berühmtheit waren, darf er als Philanthrop im eigentlichen Wortsinne gelten.

Während der Pariser Revolution von 1871 zog sich Richard Wallace nach London in das Stadtschloß der Familie zurück und brachte einen erheblichen Teil seiner Pariser Kollektion dort in Sicherheit.

Dafür sanierte er das Haus, wodurch eine Reihe von Galerien auf der ersten Etage entstanden.

Gleichzeitig wurde ein großer Teil der Sammlung im Bethnal Green Museum gezeigt, welches eine beliebte und sensationelle Ausstellung war und von vielen Tausenden von Menschen besucht wurde.

In Anerkennung seiner Philanthropie wurde Richard 1871 in den englischen Adelsstand, zum Baron, erhoben, kurz nachdem er seine Geliebte, Julie Castelnau, die auch Mutter seines 30-jährigen Sohnes Edmond Richard war, geheiratet hatte. Eine uneheliche Liason hätte dies behindert.

Im Gegensatz zu seinem Vater, hatte Wallace ein reges Interesse an den Aufgaben, die ihm sein Reichtum gebracht hatte. Aber die Umstände seiner Geburt und die Weigerung seiner Frau und seines Sohnes, anglisiert zu werden, bedeuteten für ihn, daß er aufgrund der herrschenden Vorurteile nie vollständig von der englischen Gesellschaft akzeptiert wurde.

Während des deutsch-französischen Krieges im gleichen Jahr durchlebte Paris eine schwere Zeit: von den Preußen belagert,

durch den Aufstand der Kommune und die preußischen Bombardements am Boden zerstört, endend mit der schmerzlichen militärischen Niederlage.
Aus Überzeugung verblieb er selbst während der Belagerung der Stadt in seiner Villa in Paris, um zur Stelle zu sein, wo er gebraucht werden könnte, statt sich auf eines seiner luxuriösen Landgüter zurückzuziehen.
Wallace gewann einen beachtlichen Ruf durch karitative Werke und Geschenke für humanitäre Zwecke.
Richard Wallace kümmerte er sich um die Aufnahme von Opfern der Bombardierungen oder verteilte Lebensmittel an die Bevölkerung.
1872 ließ er 50 Trinkwasserspender im ganzen Stadtgebiet von Paris aufstellen.
Im September 1872 wurde der erste Wallace-Brunnen im Boulevard de la Vilette unter wahren Begeisterungsstürmen der Bevölkerung eingeweiht (er wurde 1999 abgebaut).

Warum entschied er sich für Trinkbrunnen als Spende?
Nach dem Ende der Belagerung und der Kommune waren zahlreiche Wasserleitungen zerstört und so stieg der ohnehin schon hohe Wasserpreis weiter an.
Für viele ärmere Menschen, die keinen eigenen Zugang zu Wasserleitungen hatten, war es kostenlos nicht zu bekommen.
Groß war daher die Versuchung in der Unterschicht, auf alkoholische Getränke auszuweichen und man empfand es als moralische Verpflichtung, sie vor dem Absturz in den Alkoholismus zu bewahren.
Seit ihrer Aufstellung waren die Brunnen nie Kritik ausgesetzt. Selbst von den deutschen Besatzern wurden sie verschont,

während andere Pariser Statuen für die Rüstungsindustrie verschmolzen wurden. Bis heute stehen sie allerdings nicht unter Denkmalschutz.

Meine Freundinnen lauschten gebannt und waren genauso beeindruckt wie ich zuvor.
„Das war wirklich eine spannende Geschichte" bestätigte mir Elfi diesen Eindruck.
„Morgen werde ich mit der Geschichte fortfahren" versprach ich.
„Jetzt gehen wir erst einmal in unser Hotel und schlafen hoffentlich gut!"

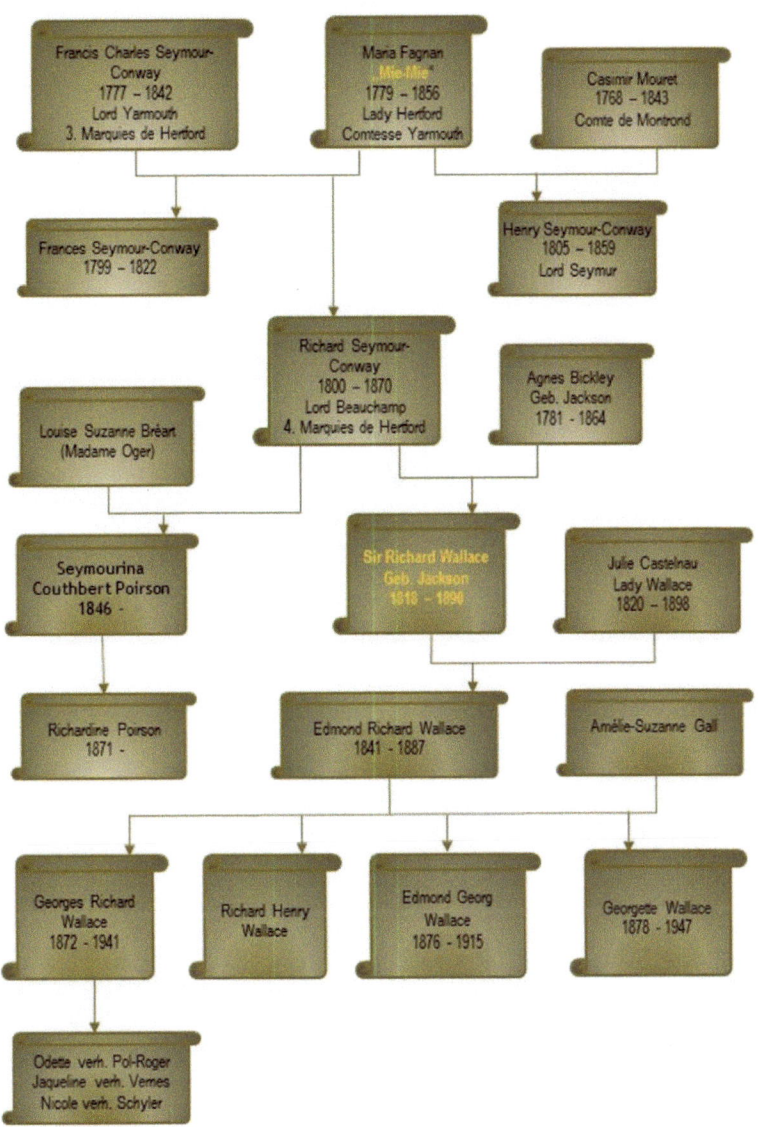

*Der Kommunismus ist eine der schweren Krankheiten,
die man nicht an Tieren ausprobiert hat*

Coluche

15. Die Wallace-Brunnen

Am ersten Morgen waren wir alle noch eine ganze Weile träumelig.
Nach Anreise, den ersten Eindrücken von Paris und den vielen Gesprächen waren alle sofort in Tiefschlaf gefallen.
Der stark duftende Kaffee weckte unsere Lebensgeister. Die durch die Fenster strahlende Sonne tat ihr Übriges.
Nach einem gemeinsamen gemütlichen Frühstück in unserem Wohnzimmer liefen wir zur Metrostation Abeße, die noch original erhalten ist.

Vor dem Eingang zur Metro gab es einen Freudenschrei von uns allen, dass die Pariser sich umdrehten und wunderten, weil wir uns nicht wie gesittete Senioren sondern wie ein paar wildgewordene Teenager benahmen.
„Da steht ein Wallace-Brunnen!"
Wir stürmten zu der Skulptur, umringten und fotografierten sie.
„Wie viele Brunnen gibt es denn eigentlich noch?" wurde ich gefragt.
„Mehr als 100!" antwortete ich.
„Mehr als 100????? Du sagtest doch gestern Abend, Wallace hat 50 gespendet???"

„Ja, Wallace hat 50 Brunnen gespendet. Aber es wurden und werden immer noch Brunnen hergestellt und entweder in Paris aufgestellt, verschenkt oder verkauft. Die aktuell genaue Zahl herauszufinden, gestaltete sich richtig schwierig. Mehrere Websites nennen unterschiedliche Zahlen.
Die Wasserwerke von Paris, die für die Pflege und Instandhaltung zuständig sind, gaben mir schließlich die Auskunft, im Moment sind 105 Brunnen in Paris aufgestellt, wovon noch 7 originale der ersten fünfzig Brunnen existieren."
„Weißt Du auch, wo sie stehen?" kam die nächste Frage.
„Ja, es gibt eine Liste.
(Eine Standort-Liste, in der ich alle Angaben geprüft und verglichen habe, befindet sich im letzten Kapitel. Aktueller Stand von Januar 2016.)
Aber ich habe von meinem Vorhaben, bei dieser Reise mit Euch eine Schnitzeljagd zu veranstalten, Abstand genommen. Das wäre zu einfach und würde uns den Blick auf all die anderen schönen Dinge versperren.
Wir werden ganz besonders auf diese Trinkbrunnen von Richard Wallace achten, einfach die Augen aufhalten und nach diesen Trinkbrunnen während unserer Entdeckungstour Ausschau halten.
Außerdem stehen nicht alle in Paris, sondern sind in der ganzen Welt verteilt.
Es steht übrigens auch einer in Deutschland, in Burscheid.

Ich kann Euch auch einige technische Details der Trinkbrunnen erklären."
(Wer dazu keine Lust hat, kann einfach die nächsten drei Seiten überspringen!)

Richard Wallace entwarf die Brunnen selbst. Dabei beherzigte er folgende Grundregeln:
Höhe: groß genug, um von weitem sichtbar zu sein, gleichzeitig aber nicht zu groß, um die Harmonie der Umgebung nicht zu stören
Form: praktisch und schön anzusehen
Farbe: dunkelgrün
(Es gibt auch Brunnen, die rot, weiß, gelb, pink, hellblau gestrichen sind. Dies geschieht als Projekt der Nachbarschaft in den jeweiligen Wohnquartieren.)
Kosten: günstig genug, um mehrere Dutzend Exemplare aufstellen zu können.
Material: widerstandsfähig, leicht zu bearbeiten, einfach instand zu halten.
Um sein Projekt möglichst schnell zum Erfolg zu führen, engagierte Wallace den ihm bekannten Bildhauer Charles-Auguste Lebourg aus Nantes.
Dieser verbesserte seine bereits recht ausgefeilten Skizzen, um aus den Trinkwasserspendern echte Kunstwerke zu machen.

Wallace entwarf und finanzierte zwei verschiedene Modelle (große Ausführung und Einbaumodell) und legte später zwei weitere nach.
Diese vier Entwürfe unterscheiden sich in Größe und Aussehen.
Als kostengünstiges und leicht in Form zu bringendes Material wurde das in jener Zeit sehr häufig verwendete Gusseisen verwendet.
Den größten Teil der Kosten trug Wallace, der Beitrag der Stadt belief sich auf 1000Francs für die große Ausführung und 450Francs für ein wandmontiertes Modell.

(Heute kostet die Herstellung und Unterhaltung eines Brunnen 50.000€! Nur mal eben als Info erwähnt.)
Die Ausführung übernahm die Gießerei Val d`Osne im Départment Haute-Marne, nahe Saint-Dizier, wo seinerzeit ein Zentrum dieser Kunst lag.
Auf dem Sockel der ältesten Brunnen ist die Signatur der Fabrik zu lesen.
Dieses Unternehmen wurde später von der GHM Antoine Durenne aufgekauft, die bis heute in Sommevoire (Haute-Marne) ihre Produktion fortsetzt.

Die große Ausführung mit einer Höhe von 2,71m und einem Gewicht von 610kg ist nach dem Vorbild der Fontaine des Innocents entstanden.
Die Fontaine des Innocents steht in der Nähe des Centre Georg Pompidou in der Fußgängerzone und ist nach der Kirche Saint Innocent benannt, die mitten auf einem Friedhof stand, auf dem ca. 2 Millionen Menschen bestattet wurden, und 1786 abgerissen wurde.
Auf einem Fundament aus Hauteville-Stein ruht ein achteckiger Sockel, auf dem sich vier den Rücken zugewendete Karyatiden stehen und mit ihren Armen eine spitz zulaufende, mit Delfinen dekorierte Kuppel tragen.
(Eine Karyatide ist die Skulptur einer weiblichen Figur mit tragender Funktion in der Architektur.)
Die vier Karyatiden symbolisieren Güte, Einfachheit, Wohltätigkeit und Nüchternheit.
Sie unterscheiden sich alle voneinander, etwa durch die Stellung der Knie oder durch ihre Art, wie sie eine Tunika tragen.
Das Wasser tritt als dünner Rinnsal in der Mitte der Kuppel aus und fällt dann in ein Becken, das durch ein Gitter geschützt ist.

Um die Entnahme zu erleichtern, standen zwei verzinnte Eisenbecher zur Verfügung, die mit einer Kette am Brunnen fixiert waren und nach Gebrauch stets in Wasser eingetaucht blieben, um Sauberkeit zu gewährleisten.
Diese Becher wurden 1952 auf behördliche Anordnung hin aus Hygienegründen entfernt.

Das Säulenmodell hat eine Höhe von 2,50m und ein Gewicht von rund 500kg. Dieses Modell wurde zuletzt realisiert und ähnelt der großen Ausführung. Die Karyatiden wurden durch kleine Säulen ersetzt, um die Produktionskosten zu senken. Zudem ist die Kuppel weniger spitz und der untere Teil stärker gekrümmt. Von den ursprünglich 30 hergestellten Exemplaren sind heute nur noch 2 übrig.

Das Einbaumodell ist 1,96m hoch und hat ein Gewicht von 300kg.
Bei diesem von Sir Richard als zweites entworfenes Modell speit der Kopf einer Najade aus der Mitte eines Giebelbogens einen dünnen Wasserstrahl in ein Becken, das zwischen zwei Pilastern ruht. Najaden sind nach der griechischen Mythologie Nymphen, die über Quellen (genannt Crinaeae), Bäche, Flüsse, Sümpfe, Teiche und Seen wachen.
Auch hier waren ursprünglich Trinkbecher angebracht, die ebenfalls 1952 entfernt wurden.
Von diesem kostengünstigeren Modell sollten viele Exemplare entlang der Mauern von Gebäuden mit starkem Menschenandrang angebracht werden, etwa an Krankenhäusern oder Kasernen.
Dazu kam es allerdings nicht. Nur ein einziger Brunnen dieser Form ist bis heute erhalten. In der Rue Geoffroy-Saint-Hillaire.

Die kleine Ausführung ist 1,32m hoch und wiegt 130kg. Diese einfachen Wasserspender findet man auf Plätzen und in öffentlichen Gärten. Sie wurden vollständig von der Stadtverwaltung finanziert und tragen das Siegel von Paris (außer dem auf dem Place des Invalides). *(Fontaine_Wallace, 2016)*

Nach so vielen Informationen tut uns ein Café gut.
Alle reden durcheinander, die vielen Informationen müssen verarbeitet werden.
„Ich möchte auch reich sein!" stöhnt Schälli aus tiefstem Herzen, „dann könnte ich auch so Vieles spenden und Gutes tun!"
„Das Leben von Sir Richard Wallace ist wirklich beeindruckend" faßt Barbara noch einmal ihre Eindrücke zusammen.
„Wie gut, daß Du das alles für uns recherchiert hast" bedankt sich Rosita.

Nach der Kaffeepause fahren wir mit der Metro bis zum Place de la République.
Wir erreichten die letzten Stufen des Metro-Zuganges, da empfing uns schon massiver Baulärm.
Der ganze Platz war eine gewaltige Baustelle.
Von den monumentalen Figuren sahen wir nicht viel.
Einen Moment Stehenbleiben, um ein Foto zu machen, war fast unmöglich.
Menschenmassen schoben uns den abgegrenzten Baustellenbehelfsweg entlang. Na, schön, bzw. nicht schön, aber nicht zu ändern.
Wir bogen ein in den Boulevard Saint Martin.
Es schien die Straße der Theater zu sein, denn fast an jeder Fassade stand „Théâtre".

Heine schrieb, zu seiner Zeit gab es 134 Theater in Paris, von denen er fast täglich eines besuchte. *(Höhn, 2010)*
Heute gibt es 208, einschließlich der Cabarets.
Plötzlich standen wir vor dem gewaltigen ehemaligen Stadttor Saint Martin, gebaut 1674, und ein paar Schritte weiter vor dem Tor Saint Denis, gebaut 1672 (also unter Ludwig XIV. errichtet), die längs zur Straße stehen, so daß man sie noch nicht von Weitem sehen konnte.
Was für imposante Bauwerke!
Heine war auch tief beeindruckt, als er ihnen bei seiner Ankunft in Paris gegenüberstand.
(Die Rue Saint-Martin, die hier abgeht, ist die älteste Straße von Lutetia mit den ältesten Häusern von Paris und geht vom Ostbahnhof bis zur Pont Neuf.)

Von hier waren es nur noch ein paar Schritte bis zur wunderschönen Passage Jouffroy, durch die wir einen kurzen Schwenk machten, und zum Hardrock Café, wo wir dringend eine Pause einlegen mußten.
2 junge Männer sahen uns an der Tür, die mir Barbara aufhielt, damit ich mit meinen Krücken besser hineingehen kann.
Die beiden kamen angerannt und wollten mich die 3 Stufen zum Café hinauf tragen.
Wie charmant!
Na, die beiden Jungs haben sicher nur meine Krücken gesehen und wollten helfen.
2 starke, gebräunte Arme hakten mich unter und schon stand ich an einem der mit Blumen geschmückten Tische.
Der eine schob mir den Stuhl zurecht, der andere breitete die Getränkekarte vor mir aus.
Nicht nur ich war beeindruckt ob so viel Höflichkeit.

Die Mädels hatten inzwischen auch Platz genommen und einen Cocktail ausgewählt.
Wir hatten uns alle für den größten Cocktail, der auf der Karte abgebildet war, entschieden.
Nach der Bestellung wurden unsere Cocktails mit viel Show gemixt und an unseren Tisch serviert.
Ich glaube, der Cocktail war noch größer als auf der Abbildung!
Wir kämpften uns durch das ganze Obst, das an Spießen aufgefädelt war und hatten eine Weile zu tun, bis die Cocktails ausgetrunken waren.
Das waren die größten und leckersten Cocktails, die wir je irgendwo erhalten hatten, davon waren wir alle überzeugt!

Da dies keine Reiseführer ist, will ich jetzt auch nicht jede Kleinigkeit beschreiben, die wir auf der weiteren „Touristikroute" unterwegs gesehen haben.
Dort ein prachtvolles Haus, dort eine tolle Tür, da eine wunderschöne Figur an der Fassade, dort leckere Auslagen in einer Patisserie – und abends haben wir vergessen, wo wir das prachtvolle Haus, das tolle Fenster, die leckeren Auslagen gesehen haben.
Auf alle Fälle haben wir die alte prächtige Oper von außen und innen bewundert, blieben an dem Haus gegenüber in der Rue Lafitte 1 stehen, weil ja dort *unser* Richard Wallace gelebt hat.
Ausnahmsweise schlenderten wir und rannten nicht auf den Spuren Heines durch den Garten des Palais Royal bis zum Louvre, von dort durch die Tuilerien zum Place Vendome.
Nachdem meine Freundinnen ausreichend Fotos von den zur Säule gegossenen Kanonen mit Napoleon obendrauf gemacht hatten, fand ich mit Blick auf die umliegenden Juweliere den

Moment passend, meine Freundinnen auf die Trickbetrüger aufmerksam zu machen.
Ich war gerade fertig mit meiner Erklärung und es sollte wohl so sein, da tauchte die gleiche junge Frau vom vorigen Jahr vor uns auf und fand wieder einen Ring! Na, so ein Zufall!
Ich mußte laut lachen, worüber sie wohl sehr erbost war, denn sie äffte mein Lachen nach und verschwand eiligst.
Wir zogen weiter in Richtung Madeleine, genossen das trubelige Leben auf den Boulevards, bis wir eine nette Brasserie fanden und dort ein menu de jour zu uns nahmen, bevor wir in unser Apartment fuhren und dort den Abend – bei Rotwein natürlich - ausklingen ließen.

„Wann warst Du eigentlich das erste Mal in Paris" wollte Barbara von mir wissen.
„Gleich nach meiner Ausreise!" antwortete ich.
„ Andere haben sich nach der Ausreise erst einmal eingerichtet. Wir hatten nichts, außer einer leeren Wohnung, aber diese Reise mußte einfach sein, das war für mich von großer Bedeutung."
„Warum?" hakte Rosita nach.
Ja, mir blieb nichts anderes übrig, als in Kurzform, wirklich in Kurzform, diese Bedeutung zu erklären:

Ich stand am Fenster einer betrieblichen Neubauwohnung und schaute gen Westen. Mein Mann war von einer Besuchsreise in den Westen nicht zurückgekehrt und ich wartete auf meine Genehmigung zur Ausreise.
Da Richard somit als Republikflüchtiger galt, konnte ich nicht auf Familienzusammenführung hoffen und hatte andere Gründe anzugeben.

Das konnte dauern, keiner wußte wie lange, die Genehmigungen wurden willkürlich erteilt.
Ich habe Bekannte, die hatten 11 Jahre gewartet.
Als Ausreiseantragsteller durfte man weder in einem sozialistischen Betrieb arbeiten, noch an einer Schule unterrichten.
Da ich Berufsschullehrerin war, bedeutete dies auch das Ende meiner Laufbahn.
Ein Nachweis über ein Einkommen mußte aber erbracht werden, sonst galt man als asozial und die Kinder hätten in ein Kinderheim eingewiesen werden können.
Ich fand Beschäftigung in einer Gärtnerei-Genossenschaft und schnitt mit anderen Ausreisewilligen den ganzen Tag Chrysanthemen. Eine rückenunfreundliche Arbeit bei sozialer Bindung und mentaler Unterstützung.
Dennoch gab es immer öfter Momente, in denen ich depressiv wurde.
Wie lange noch warten?
Wann endlich wieder mit dem geliebten Ehemann zusammen sein?
Wann wieder endlich eine glückliche Familie sein?
Wann endlich wieder ein Zuhause und Arbeit haben?
Im Radio lief „Mit einem Taxi nach Paris".
Es war der Hit, der jeden Tag, jede Stunde permanent wiederholt wurde.
Ich schaute also gen Westen und dachte, „wenn Du es geschafft hast, endlich ausreisen darfst, dann geht es sofort nach Paris. Dann muß ich sofort diese Stadt sehen."
An diese Idee klammerte ich mich, dieser Wunsch mußte erfüllt werden, dies motivierte mich, durchzuhalten.

Ein halbes Jahr später war es so weit.

Nach meiner glücklich vollzogenen Ausreise buchten wir sofort bei einem Busunternehmen eine Billigreise nach Paris.
Als ich endlich tatsächlich vor dem Eiffelturm stand, kamen mir vor Rührung die Tränen. Geschafft! Endlich in Paris!!!!
Ich hatte Angst, aufzuwachen und festzustellen, daß es nur ein Traum war. Aber es war kein Traum, der Traum hat sich erfüllt, jetzt stand ich leibhaftig mitten in Paris.
Dieses Gefühl war unbeschreiblich, großartig, wunderbar!
Wir liefen damals die 3 Tage kreuz und quer durch die Stadt.
Ich glaube, wir haben kaum geschlafen, wir wollten so viel wie möglich aufnehmen, nachholen.

Nachdem die Mauer gefallen war, reisten wir von da an jedes Jahr über Himmelfahrt nach Paris, um nacheinander all unseren Freunden diese pulsierende und aufregende Stadt zu zeigen.

(Mit dem Mauerfall erfüllte sich übrigens unsere Französischlehrerin auch ihren Traum und eröffnete ein Reisebüro speziell für Paris-Reisen.
Und noch ein „übrigens": wie ich gerade heute zufällig in einem Artikel unserer Zeitung las, wohnt der Komponist von „Mit einem Taxi nach Paris" – Michi Reincke – bei mir fast um die Ecke....
Schon wieder so ein komischer Zufall!)

Leider! Wenn die Kritik schlecht ist, kann man nicht sicher sein, ob die Vorstellung gut ist.

Coluche

16. Chateau Bagatelle

Der runtergefallene Klodeckel im Bad weckte uns.
„Entschuldigung" tönte es aus dem Bad.
Rosita wollte betont leise machen, aber gerade dann kann es passieren, daß einem der Deckel aus der Hand fällt.
Da wir nun einmal alle wach waren, konnten wir auch aufstehen.
In ein paar Minuten wären wir sowieso geweckt worden, denn Barbara hatte bereits Kaffee gekocht.
Es gab trotzdem kein Gerangel im Bad, wer noch einen Moment dösen wollte, konnte das.
Wer es eilig hatte, durfte als Nächste ins Bad.
Gaby sauste inzwischen zur Bäckerei.
Die Bäckerei konnten wir vom Fenster aus sehen.
Es herrschte ein ständiges Kommen und Gehen in dem Geschäft, aber es gab nie eine Schlange.
Für das Brötchenholen bedeutete das, 4 Etagen runter, über die Straße, Croissants kaufen, wieder zurück über die Straße, 4 Etagen hochlaufen.
6 Minuten. Ein kurzer feiner Morgensport.
Sportlich ging es auch nach dem Frühstück zur Metrostation.
Wir fahren mit der Linie 2 bis zur Endstelle Dauphin.
Wunderschön auch hier der noch originale Metro-Eingang im Jugendstil.

Das Wetter meint es gnädig, es ist mild und trocken, immer mal schaut die Sonne durch die Wolken.
Während die Pariser ihr Laufpensum im Bois de Boulogne absolvieren, schlendern wir durch den weitläufigen Park, bis wir in der Rue Richard Wallace anlangen.
Ein paar Meter weiter legen wir einen Stopp in einem Café am See ein.
Überall auf den Bänken saßen ältere Menschen, die Enten fütterten.
Hundebesitzer spazierten in aller Ruhe um den See, während die Hunde miteinander tobten, sie kannten sich wohl alle.
Ausgeruht geht es weiter geht es zum Chateau Bagatelle.
Ein großes prächtiges Tor empfängt uns.
Zunächst spazieren wir durch den Garten, leider blühen die Rosen noch nicht. Den Park müssen wir uns unbedingt ansehen, wenn alles blüht!
Was ist das für eine riesige Parkanlage und so gepflegt!
Wir setzen uns auf eine Bank in einer der vielen Pergolen, die an dem Rundweg verteilt stehen und haben das Gefühl, weit weg von Paris zu sein, dabei ist das Zentrum nur Minuten entfernt.
Hier ließ es sich bestimmt gut leben, dachten wir.
Dabei hatte das Chateau im Leben von Sir Richard Wallace wohl eher eine tragische Bedeutung.
Nicht nur, weil sein Vater hier verstorben war.
Jetzt hatte ich Gelegenheit, mit der Lebensgeschichte von Richard Wallace fortzufahren.

Sir Richard wollte seinen unehelichen Sohn Edmond in das adlige Leben einführen.

Edmond war zu der Zeit mit der Schauspielerin Amélie-Suzanne Gall liiert und hatte mit ihr 4 gemeinsame Kinder.
Daß Amélie-Suzanne Schauspielerin war, gefiel Sir Richard Wallace offenbar gar nicht, denn Edmond durfte nicht heiraten.
Da er also nicht verheiratet war und 4 uneheliche Kinder hatte, wurde er auch nicht zum Baron ernannt, obwohl sein Vater einen Bittbrief an die Queen geschrieben hatte.
So ließ der Vater in Lisbourne ein Haus bauen, in der Hoffnung, sein Sohn würde dort die Familie präsentieren und seine Geliebte vergessen.
Edmond muß seine Kinder und deren Mutter sehr geliebt haben, denn er verzichtete auf dieses Leben und blieb in Paris.
Im Stillen hatte er wohl vor, aus Respekt vor seinem Vater, mit der Heirat bis nach dessen Tod zu warten – so wie es sein Vater, Sir Richard, auch getan hatte.

Der Tod kam allerdings anders als erwartet:
Edmond starb mit 47 Jahren an einem Herzinfarkt.
Wie bitter muß das für den Vater gewesen sein?
Nach dem Tod seines Sohnes Edmond im Jahre 1887 kehrte Sir Richard (da war er 69) allein nach Paris auf Schloß Bagatelle zurück, wo er im selben Zimmer wie auch sein Vater, drei Jahre später starb.

In folgenden Büchern ist das Jahr 1887 als Todesjahr angegeben: (Perreau, 2009), (Hughes, 1981)
In diesen Büchern wird geschrieben: er verstarb im Jahr 1877 (Montebianco, 2007), (Howard, 2009)
In mehreren Quellen wird beschrieben, daß Sir Richard 3 Jahre nach dem Tod seines Sohnes im Jahr 1890 verstorben ist. Deshalb beziehe ich mich auf die Angabe <u>1887</u>.

Seiner Wahlheimat Frankreich war er stets treu geblieben und wurde deshalb nach seinem Tod 1890 auf dem Friedhof Père Lachaise beigesetzt.

„Wenn ich das gewußt hätte, dann hätten wir ja dort auch gleich an seinem Grab vorbeischauen können, statt das Heine-Grab nicht zu finden..." spottete Schälli.

Nun hatten wir eine Menge von der Familiengeschichte gehört.
Wir verließen den Park und liefen zurück zur Metro.
Auf dem Weg dorthin lasen wir auf einem großen Baustellenschild, daß hier ein außergewöhnliches Ausstellungsgebäude von und für Louis Vuitton gebaut wird.
Das wunderte mich, denn ich dachte, der Bois de Boulogne darf nicht bebaut werden.
Nun habe ich inzwischen erfahren, daß das Ausstellungsgebäude nach 40 Jahren an die Stadt als Geschenk übergehen wird.
Na, wenn das so ist, dann kann man natürlich eine Baugenehmigung nicht verweigern!

In der Avenue Foch bleiben wir kurz stehen.
Es ist mit 120 Metern die breiteste Straße in Paris.
Hier wohnt man in den teuersten Wohnungen der Stadt, weshalb sie auch die Rue des Millionaires genannt wird.
Am Kreisel um den Triumphbogen sahen wir schon von weitem einen Wallace-Brunnen.
Unsere Freude war wieder kindisch groß.
Wir überquerten zwei der strahlenförmig abgehenden Straßen und fotografierten dann um die Wette.
Eigentlich albern, dachte ich.

Nach der Reise tauschten wir sowieso alle Fotos aus. Es tat also eigentlich nicht Not, daß wir 6 Mädels alle das gleiche Objekt von allen Seiten fotografierten.
Nun, der Lichteinfall ist wohl bei jedem anders und so habe ich nach der Reise die Aufgabe, die besten Fotos auszuwählen.

Jetzt flanieren wir erst einmal den Champs d´Élysée hinunter, biegen zum Élyséepalast ab, wo ich die Mädels überzeugen konnte, daß der Anblick selbigen wirklich nicht spektakulär ist.
Na gut, man muß einmal davor gestanden haben.
Wir wendeten und genossen den Anblick des Grand Palais, der zur Weltausstellung gebaut wurde ebenso wie das Petit Palais. Wenigstens hier waren die Wege nicht so überfüllt mit Touristen. Es war kein Problem, in Ruhe stehen zu bleiben und zu fotografieren.
Ein paar Schritte weiter erreichten wir das Seine-Ufer und bummelten an der Seine zum Place de la Concorde. Nach dem freudigen Entdecken eines weiteren Wallace-Brunnens ergötzten wir uns an dem Obelisk und den beiden prachtvollen Springbrunnen.

Der Obelisk von Luxor ist ein 23 m hoher, etwa 250 Tonnen schwerer ägyptischer Monolith aus Granit, ein Geschenk des von 1805 bis 1848 regierenden Vizekönigs von Ägypten, Muhammad Ali Pascha (Mehmet Ali), an den französischen König Louis Philippe.
Der Transport von Ägypten nach Frankreich dauerte zwei Jahre.
Am 25. Oktober 1836 konnte der Obelisk auf der Place de la Concorde in Paris aufgestellt werden.

Nach vielen Schwierigkeiten, den schweren Klotz aufzurichten, gelang es letztendlich nur durch einen Zufall.
Ein Arbeiter soll wohl aus Versehen ein Bier umgeschüttet haben, wobei eines der vielen Seile, die um den Obelisk zum Aufrichten gespannt waren, naß wurde und nach dem Trocknen sich derart gespannt hatte, daß sich der massige Klotz anhob.
Das wiederholte man daraufhin mehrfach und mit jedem Zentimeter, den sich der Klotz in die Höhe bewegte, wurde das Aufstellen aufgrund des Winkels und des Hebelgesetzes leichter.

Physik im Urlaub macht ungeheuer durstig, deshalb kehrten wir für eine Erfrischungspause in der Hemingway-Bar ein, bevor wir zum Konzert mit Garou aufbrachen.
Wir erreichten rechtzeitig das Olympia, früh genug, um im Foyer auch noch einen Prosecco zu trinken.

Ringsherum kündigten Plakate die nächsten Veranstaltungen an.
Rosita zeigte mit dem Finger auf eines dieser Plakate.
„Letz Zep! Das wär doch was für uns!"
Na, ich hatte den Veranstaltungskalender zu Hause gelesen, dachte aber, diese Musik ist nicht jedermanns Geschmack.
Da kannte ich aber meine Freundinnen schlecht!
Außer Schälli wollten alle gerne zu dem Konzert, welches morgen wäre.
Also fragte ich sofort an der Kasse nach Karten für morgen.
Es schien eigentlich aussichtslos, aber der junge Mann erklärte freudestrahlend, er hätte tatsächlich gerade noch 6 Karten für uns.
Schälli ließ sich daraufhin von unserer Massenbegeisterung anstecken und wollte nun doch mit zum Konzert gehen.

Wunderbar!
Ich ließ die Karten auf meinen Namen reservieren, weil ein Vorverkauf jetzt nicht möglich war.
Mit kribbelnder freudiger Unruhe gingen wir nun zu unseren Plätzen, die wie immer oben in der Mitte mit bester Akustik und prima Sicht lagen.
Wir freuten uns auf das Konzert mit Garou, wußten aber nicht, was uns erwartet.
Chansons?
Songs aus dem Musical „Notre Dame", in dem er den « Glöckner » spielte und „Belle" so wunderbar sang?
Covertitel?
Eigene Lieder?
Mit großem Jubel wurde Garou vom Publikum begrüßt.
Sein erster Titel:
„I put a spell on you" – na, das ging ja wunderbar los!
Wir knufften uns und strahlten.
Also, Rhythm & Blues. Prima!
Es wurde wirklich ein tolles Konzert!
Zwischendurch empfing das Publikum mit frenetischem Applaus und wahren Begeisterungsstürmen einen Gitarristen als Überraschungsgast, wir kannten ihn nicht.
Deshalb fragten wir nach dem Konzert vor dem Eingang stehende und schwatzende andere 68er und erfuhren, es war Louis Bertignac von der Gruppe „Telephone". Diese war mit Sänger Jean-Louis Aubert die erste und größte Rockband Frankreichs.
Unsere Gefühle schäumten über vor Begeisterung.
Während der Heimfahrt und auch anschließend in unserem Apartment nahmen die euphorischen Ausbrüche kein Ende.
„Ach, was ist Garou für ein netter Kerl!"

„Und sein fröhliches Lachen ist so ansteckend!"
„Und eine Stimme hat er!"
„Und so tolle Titel hat er gesungen!"
„Ja, und überhaupt, die ganze Band war erstklassig!"
„Und der Bläsersatz – einfach genial"!

„Ich verstehe nicht, wie Jemandem das nicht gefallen kann!" zweifelte plötzlich Schälli und schaute mich dabei fragend an.
Ich verstand, daß diese Bemerkung meinem Mann galt.
„Ich habe neulich eine Sendung von BBC gesehen, in der die Frage, „Können die Franzosen eigentlich Rockmusik machen oder nicht?" von Musikern, Kritikern, Autoren, Sprachwissenschaftlern, Biographen untersucht wurde. Sie waren der Meinung, der englische Beat paßt nicht zur Sprachmelodie der französischen Sprache" nahm ich meinen Mann in Schutz.
„Außerdem unterscheiden sie französische und frankophone Musik.
Chansons, Musetten, Balladen sind echte originale französische Musik.
Musik unter dem Einfluß internationaler Stilrichtungen, die in Französisch interpretiert wird, ist frankophone Musik.
Die Franzosen haben wohl die besseren Texte in ihren Songs, aber die Engländer und Amerikaner die bessere Musik. Dafür können die Franzosen den besten Wein herstellen…!"
Der Punkt geht also an meinen Mann.
Er hat Recht bekommen, was er gefühlsmäßig empfunden hat und läßt mich nun in Ruhe.
Allerdings versteht er bis heute nicht, warum so schöne alte englische Songs ins Französische übersetzt werden müssen.
Schälli vermutet, daß es mit dem „Lodi Toubon" zusammenhängt.

Sie hörte einen Bericht, in dem mit diesem Gesetz von 1994 zum Schutz der französischen Sprache großer Wert auf den Anteil der französischen Sprache - besonders in der Musik - gelegt wird.
(Relativ großzügig wird damit im Bereich Informatik umgegangen.)
Eigentlich hat sich bereits Richelieu im Jahre 1635 in dem neu geschaffenen Institut de France mit dem Schutz und der Pflege der französischen Sprache be- und ein Wörterbuch verfaßt.

„Mein Mann schimpft immer noch mit mir, wenn ich wieder „missioniere". Aber was soll ich tun?
In Deutschland werden wenig französische Sänger und Sängerinnen vorgestellt, es gibt kaum CDs oder DVDs zu kaufen, geschweige denn Live-Konzerte (ZAZ mit der Edith-Piaf-Stimme ist gerade aktuell zu hören).
So bleibt mir doch nur, meine Erkenntnisse und Entdeckungen allen Freunden vorzustellen. Irgendwie möchte ich meine Begeisterung weitergeben.
Schließlich bleibt es doch jedem selbst überlassen, ob es gefällt oder nicht."

*Humor ist immer gegen die Macht gewesen,
egal, welches Regime an der Macht ist.*

Coluche

17. Die Wunderheilung

Wir haben lange geschlafen. Aber das macht nichts.
Erstens haben wir Urlaub und zweitens öffnen die meisten Museen sowieso erst 11 Uhr.
Für heute habe ich Expreßkarten für das Orsay, den ehemaligen Bahnhof, der auch zur Weltausstellung gebaut wurde, bald aber dem aufkommenden Verkehr nicht mehr gewachsen war. Jetzt ist er ein sehr empfehlenswertes Museum.
Trotz der Expreßkarten mußten wir wegen der Sicherheitskontrolle anstehen, obwohl diese Schlange bei Weitem nicht so lang war wie die für „normalen" Eintritt.
Die Dame am Schalter nahm mich plötzlich mit meinen Krücken wahr und bat mich, nach vorn zu kommen.
Ob dieser Bevorzugung war nicht nur ich sehr positiv angetan.
Meine Freundinnen fanden das nicht nur sehr nett sondern freuten sich auch, daß wir so schnell ins Museum gelangten.
Uns zog es vor allem zu den Impressionisten, die oben, fast unter dem Dach, untergebracht sind.
Wir hätten ewig weilen können. Aber auch nur Bilder ansehen und Eindrücke sammeln macht müde.
Wieder in dem Café an der Ecke, gleich hinter dem Museum, erholten wir uns und tauschten unsere Begeisterung aus.
„Ich hätte noch bleiben können!" bemängelte Elfi.

„Nee, ich konnte nichts mehr aufnehmen" widersprach Barbara.
„Ach, für einen Überblick ist doch genug Zeit gewesen" vermittelte Rosita.
Wir verglichen unsere Fotos auf den Kameras, wer das beste Foto mit dem besten Licht aufgenommen hatte, denn Blitzlicht ist wie in den meisten Museen verboten.
Nach der Erholungspause geht es den Boulevard Saint Germain entlang, vorbei an der Kirche Saint Germain, vor deren Eingang wir wieder fündig wurden und einen Wallace-Brunnen bewundern konnten.
Am Kiosk gegenüber (und natürlich auch an anderen Kiosken) lachte uns von fast allen Zeitschriften ein seit gestern bekanntes Gesicht entgegen:
Louis Bertignac!
Er war einer der Juroren von „The Voice".
Wir kommen vorbei an märchenhaften Schokoladenfiguren in den Auslagen einer Patisserie.
Wir konnten uns kaum Losreißen und das *Ahhhhh!* und *Ohhhhhh!* und *Dort, guckt mal!* nahm kein Ende.

Schließlich landeten wir doch noch im Jardin Luxembourg, ich hatte schon Sorge, daß wir im Schokoladenladen übernachten müssen...
Menschen aller Altersklassen tummelten sich in dem eleganten Park mit ihren vierbeinigen Lieblingen oder geliebten Enkelkindern.
Wir nahmen uns Zeit für diesen Spaziergang durch eine wunderbare grüne Oase.
Am Ende des Parks kehrten wir in der „Closerie de Lilac" ein, einem Traditionsrestaurant, in dem früher junge Leute verkehrten, die später sehr berühmt wurden, z. B. Lenin.

Wir waren weder jung, noch berühmt, setzten uns aber trotzdem in den idyllischen Garten unter einen Gasheizstrahler.
Beim Hineingehen in das Restaurant lasen wir die Messingschilder, die noch immer auf den Tischen angeschraubt sind und mit den Namen der Berühmtheiten, die hier einmal verkehrten, versehen waren. Schließlich bestaunen wir die prächtigen Toiletten im Keller.
Nachdem wir bezahlt hatten, folgte der obligate Besuch des Tour de Montparnasse.
Und wieder hörte ich die verzückten Bemerkungen meiner Mädels „ach, ist das toll hier, ach, hat man hier einen wunderbaren Blick!"
Also hatten wir nicht umsonst schönes Wetter bestellt.
Die Sonne stand tief, es wurde langsam Abend.
Wir fuhren wieder nach unten und trödelten zum Boulevard des Italiens.
Wir waren heute etwas eher am L'Olympia, um an der Kasse unsere Tickets für Letz Zep abzuholen.
Schälli schaute mich mit großen Augen bedeutungsvoll an: „Wenn es zu schlimm wird, geh ich raus, nicht böse sein!"
„Wenn Du rausgehst, bezahl ich Deine Karte", antwortete ich.
Ich suchte eine Möglichkeit zum Sitzen.
Die Absperrung, rot-weiß gestrichene Böcke, die nur darauf hinweisen sollten, daß das L'Olympia noch geschlossen ist, schienen mir die einzige Möglichkeit, mich wenigstens anlehnen zu können.
Zwei junge Männer vom Sicherheitsdienst sahen mich mit meinen Krücken und baten mich, samt meinen Mädels, ihnen zu folgen.
Wir durften schon in die Lounge, wo ich mich mit den Mädels sehr komfortabel hinsetzen und etwas trinken konnte.

Nach einer kurzen Weile konnten wir unsere Plätze im Innenraum einnehmen.
Neben mir saß ein jüngeres Pärchen. Vielleicht 40-42 Jahre alt.
Also jünger als wir, meine ich.
Beide wirkten entspannt und voller Vorfreude.
Irgendwie kamen wir ins Gespräch.
Ich erfuhr, daß die beiden aus Clermont-Ferrand gekommen waren, dort ein Hotel besitzen und jetzt eine Woche Urlaub in Paris machen.
„Sie machen im *März* Urlaub in Paris?" fragte ich etwas verwundert.
„Wir können nur außerhalb der Saison Urlaubmachen".
Ja, das leuchtete mir ein.
„Außerdem ist es außerhalb der Saison nicht so teuer und nicht so voll in Paris. Und wer im Sommer nach Paris kommt, muß ja verrückt sein, denn da flüchten selbst die Pariser vor der Hitze!"
Ich blickte triumphierend meine Mädels an: „Habt Ihr gehört? Es scheint, wir haben alles richtig gemacht!"

Jetzt kam aber Leben auf die Bühne, der Vorhang schob sich zur Seite und die Band trat heraus, der Sänger kam als letzter.
Wir trauten unseren Augen nicht!
War das nicht Robert Plant himself???
(Ja, da fiel mir wieder ein, es gibt nur 60 verschiedene Kopfformen...)
Der Sänger hatte die gleichen Klamotten an, bewegte sich auch so und nun, wo er anfing zu singen, verschlug es uns regelrecht die Sprache.
Ist er es oder ein perfektes Double? Das kann doch nicht wahr sein!
Die Band spielte auch perfekt und originalgetreu.

Uns hielt nichts mehr auf den Sitzen, wir sprangen hoch und rockten mit.
Bei „Kashmir" lief uns eine Gänsehaut über den Rücken.
Bei „stairway to heaven" gingen Handys und Feuerzeuge an.
Schälli drückte mich, ein paar Tränchen standen in ihren Augen.
„Wolltest Du nicht rausgehen?" neckte ich sie.
Sie konnte mir nicht antworten, die Gefühle hatten sie überwältigt.
Nach dem Konzert stürmten wir zur Bühne, wir wollten uns den Sänger genauer ansehen.
Ehrlich, zum Verwechseln ähnlich! Unglaublich!
Da waren wir uns alle einig.
Wir kauften eine DVD, um zu Hause beweisen zu können, wie authentisch die Band war, wie sehr dieser Billy Kulke dem Robert Plant ähnelt.
Völlig verzückt standen wir vor dem Olympia.
Plötzlich schoß es mir durch den Kopf: „Meine Krücken! Wo sind meine Krücken?"
Als wir versuchten, auf engstem Raum nach der Musik zu rocken, hatte ich sie einfach vergessen und an meinem Sitzplatz stehen gelassen.
Ich rannte zurück zum Eingang und bat darum, meine Krücken holen zu dürfen.
Das war natürlich kein Problem, aber das Sicherheitspersonal hat mich schon sehr merkwürdig angesehen.
Ich kann ja auch nichts dafür, daß diese Musik bei mir offenbar eine Wunderheilung ausgelöst hat.

Ich beschloß, ab morgen ohne Krücken durch Paris zu laufen.
Jetzt mußten wir uns aber beeilen, um die letzte Metro zu bekommen.

In unserem Apartment quatschten wir noch lange über das tolle Konzert, welches ich meinen Freundinnen fast vorenthalten hätte...

Napoleon war nur zur Hälfte Korse:
er verschränkte nur einen Arm

Coluche

18. St. Patricksday

Gestern war es also wieder spät geworden.
Wie schön, den Duft von frisch gebrühtem Kaffee zu riechen!
Eine ist immer die Erste, eine immer die Letzte beim Aufstehen, das ist logisch.
Schließlich werden 6 Erwachsene ohne Wecker nicht alle gleichzeitig wach.
Die Erste darf immer Kaffee kochen, was kein Problem ist, eine holt Baguettes und Croissants beim Bäcker gegenüber, auch kein Problem.
Beim Frühstück verfallen wir dann meistens in ausgiebige Gespräche.
Das ist schön, weil wir uns so gut verstehen und gerne austauschen, aber schlecht, weil wir eigentlich in Paris sind, um die Stadt zu erkunden.
Und Paris ist groß. Sehr groß.
So ist es dann meine Aufgabe, den Schwätzchen ein Ende zu bereiten und zum Aufbruch zu mahnen.
„Heute lasse ich meine Krücken im Hotel", gab ich bekannt.
Wir fahren heute mal wieder mit dem Bus und zwar zunächst zum Krankenhaus, welches Richard Wallace gegründet hat.
Nach dem Aussteigen laufen wir ein Stück. An einer Kreuzung sind Hinweisschilder angebracht, auf einem steht „American Hospital".

Mir schießt sofort der „amerikanische Milliardär" durch den Kopf – schon wieder eine Verwechslung? Eigentlich müßte „British Hospital" ausgeschildert sein!
Ich frage eine ältere Dame, die mit ihrem Dackel spazieren geht.
„Ja", sagt sie, „es gibt hier das amerikanische und das britische Krankenhaus. Das britische Krankenhaus befindet sich eine Ecke weiter nördlich."
Da sind wir quasi fast vorbei gelaufen.
Also, ein Stück zurück laufen.
Und dann sehen wir es schon. Ein wunderschönes Sandsteingebäude.
Zu den Straßenseiten ist es durch hohe Matten, die an einem Zaun befestigt sind, vor den Blicken Neugieriger geschützt.
An der Rückseite befindet sich ein Klinik-Neubau auf einem Gelände, das früher der große Garten war.
An der Stirnseite entdecken wir in dem Zaun ein großes Tor, welches etwas offen steht.
Wir gehen hindurch und sehen vor dem Eingang eine Art Terrasse mit Tischen und Stühlen. Offensichtlich ein Café.
Wir betreten das Gebäude und stehen zwei jungen Damen gegenüber, die mit Listen in der Hand nach unseren Namen fragen. Es sind Hostessen, die für verschiedene Seminare den Empfang der Teilnehmer managen. An der Seite stehen Tische mit Gläsern und Champagnerflaschen.
„Was für eine überaus freundliche Begrüßung", beginne ich ein Gespräch.
Nein, wir gehören zu keinem der Kurse, die in dem Gebäude stattfinden.
Es gehört nicht mehr zum Krankenhaus, verschiedene Firmen haben es gepachtet. Schade.

Da gerade Seminare stattfinden, können wir leider keinen Blick in die ehrwürdigen Räume werfen.
Aber es freut mich, daß das schöne Gebäude genutzt wird und nicht leer steht oder verfällt.
Der Neubau interessiert mich nicht sonderlich, da er nicht von Richard Wallace geplant bzw. eingerichtet wurde.
Ich mache noch ein Foto von dem Wallace-Brunnen der in dem kleinen Innenhof steht, dann verlassen wir das Klinikgelände.

Jetzt fahren wir mit dem Bus bis zur Bastille, wo allerdings nur noch ein paar Steine an die alte Festung erinnern.
Von hier machen wir einen Schlenker zum Place des Vosges, der im Jahre 1605 mit 38 Adelsresidenzen umbaut wurde und mit seiner geschlossenen Architektur zu den schönsten Plätzen von Paris zählt, wo Victor Hugo wohnte und wir zwei kleine Wallace-Brunnen entdecken.
Wir kehren zurück auf den Place de la Bastille und bewundern die in der Sonne glänzende Julisäule.
Sie wurde per königlichem Dekret vom 6. Juli 1831 zur Erinnerung an die „drei glorreichen Tage" zwischen dem 27. und 29. Juli 1830 der Julirevolution errichtet.
Es handelt sich um eine in der Platzmitte errichtete 52 m hohe Kupfersäule.
Auf ihr wurde 1833 eine von Augustin-Alexandre Dumont vergoldete 5,85 m hohe Figur, den auf einem Bein balancierenden „Genius der Freiheit" (Le Génie de la Liberté), zur Erinnerung an die Straßenschlachten der Juli-Revolution von 1830 errichtet.
1848 wurde die Säule als Gedenkstätte für die Februarrevolution vom 22., 23. und 24 Februar 1848 geweiht.

An der neuen Oper vorbei marschierten wir Richtung Gare de Lyon.
Wir standen an einer Ampel, die Rot zeigte. Ungefähr 20 Personen warteten geduldig auf Grün.
Da ertönte hinter mir leise „dabadab, dabadab, dabadab, dabadab".
Eine zweite Stimme setzte ein, „dabadab, dabadab, dabadab, dabadab".
Es waren meine Mädels.
Auch ich mußte einsetzen, mir blieb gar nichts anderes übrig.
„Kashmir" lag auch mir zu sehr in den Ohren!
Ich beobachtete die umstehenden Leute, die sehr merkwürdig auf uns schauten, die mit diesem „dabadab" nichts anfangen konnten.
Naja, es muß ja nicht jeder Led Zeppelin kennen.
Es schien, als hätten wir heute Rote Welle!
An jeder Ampel mußten wir warten und die Zeit mit „dabadab, dabadab, dabadab, dabadab" überbrücken.
Und jedes Mal schauten die Passanten so merkwürdig zu uns.
Schließlich fragte ich mich, ob ein Außenstehender, der nicht gerade „Kashmir" gehört hat, unsere Laute überhaupt erkennen und zuordnen kann?
Oder vielleicht eher mit Klopfzeichen aus einer geschlossenen Anstalt assoziiert?
Auf alle Fälle waren wir schon ein sonderbares Häufchen. So ganz normal waren wir offenbar alle nicht.
Ob nun das Gejauchze an den Wallace-Brunnen oder jetzt die seltsamen Töne, andere brave Bürger benehmen sich nicht so.
Was uns eigentlich egal war.

Angekommen am Gare de Lyon stiegen wir die Treppen hinauf zum Restaurant „Train bleu", eines der prachtvollsten Restaurants von Paris.
Den Preis für den teuren Café creme betrachteten wir als Eintrittsgeld für den musealen Anblick.
Mit Schwatzen war hier nicht viel, dem eleganten Ambiente angepaßt flüsterten wir, was uns sehr schwer fiel.
Der Aufenthalt hielt sich daher, zeitlich gesehen, sehr bemessen.
Von hier liefen wir weiter über die Seine-Brücke zum botanischen Garten.
An seinem nördlichen Ausgang prangt an der gegenüberliegenden Hausecke ein gewaltiger monumentaler Brunnen.
Ich zog aber die Mädels an die Mauer hinter uns um die Ecke.
Hier hatte ich geschummelt und mir im Vorfeld die Stelle gemerkt, wo wir den einzigen Einbaubrunnen von Richard Wallace bewundern konnten.
Das war schon ein interessanter Gesichtsausdruck, den diese Nymphe hat!

Zufrieden laufen wir zu der ältesten Grabungs- und Gründungsstätte von Paris, der Arena Lutetia.
Von dort führte unser Weg durch eine kleine Gasse, in der wir auch einen schönen Wallace-Brunnen vor dem Hintergrund des Pantheons fanden.
Nach der Besichtigung des Pantheons fanden wir ein kleines Kneipchen, wo jeder von uns eine Kleinigkeit aß, bevor wir die heutige Abendveranstaltung besuchten.
In der Woche, in der wir in Paris sind, ist gerade Patricksday.
Im Veranstaltungskalender hatte ich gelesen:
„Party zum St. Patricksday im L`Olympia".

Vielleicht sollten wir da mitfeiern?
Ich habe in Erinnerung, daß es an diesem Tag immer sehr fröhlich zugeht, viel Bier getrunken wird und fast alle überdimensional große grün-weiße Schaumstoff-Hüte auf dem Kopf haben.
Ich hatte meine Freundinnen gar nicht erst gefragt, was sie davon halten, sondern gleich die Tickets gebucht, da es nicht mehr viele Tickets gab.
Ich hatte zwar gelesen, daß über 100 Künstler mitwirken, aber ich hatte keine Ahnung, auf was wir uns da einlassen.
So standen wir denn vor dem Eingang und studierten diesmal beim Warten die Plakate auf der anderen Seite des Ganges.
Gaby bemerkte ein wenig enttäuscht, die morgen auftretenden „Celtic woman" hätten sie auch sehr interessiert...
Wir saßen noch nicht richtig auf unseren Plätzen, da stand das Publikum auf und fing zu singen.
Aus voller Kehle sangen sie auf Französisch „Herzlichen Glückwunsch zum Geburtstag".
Es war eine Bombenstimmung. Na, das ging ja schon mal gut los!
Aber wer hat Geburtstag? Wen feierten sie?
Einen Zuschauer?
Einen Künstler?
Jetzt schob sich der Vorhang zur Seite und wer marschierte mit Getöse auf die Bühne?
Das Musikkorps Bagad Lann-Bihoué!
Die Zuschauer wußten also alle, daß das Bagad Lann-Bihoué hier auftritt und sein Jubiläum feiert.
Ich fand keine Worte!
Und was spielten sie?
Das Lied von Alain Souchon, welches wir gerade aktuell von Nolwenn Leroy gehört hatten!

Also, ehrlich, so viele glückliche Zufälle gibt es doch gar nicht! Ich kriegte mich gar nicht wieder ein. Den Mädels ging es nicht anders.

Wir waren alle noch nicht zu einem Konzert des Marinekorps oder gar zu einem Dudelsackkonzert gewesen und hatten keine Ahnung, wie sich der Abend gestaltet, aber hier ging wirklich die Post ab!

Zumal sie auch internationale Rocktitel dudelten – nein dudelsackten!

Also, der erste Programmpunkt war ein beeindruckendes Klangerlebnis.

Unter tosendem Applaus marschierten die 50 oder 60 Musiker irgendwann wieder von der Bühne.

Und nun kamen, - ach, was für eine Freude für Gaby!! – nicht nur celtic woman, sondern auch celtic-Männer!

Da flogen die Füße und der Rhythmus ging ins Blut - einfach atemberaubend.

So hatte Gaby doch noch ihre spezielle Freude.

Hinterher waren wir alle geschafft.

Es war laut gewesen, sehr laut.

Es war schön gewesen, sehr schön.

Es hat all unsere Sinne strapaziert.

Jetzt wollten wir nur noch unsere Ruhe und gingen relativ zeitig ohne Schwätzchen zu Bett.

Von all denjenigen, die nichts zu sagen haben,
sind mir die die Sympathischsten, die den Mund halten.

Coluche

19. Die Franzosen sind unfreundlich

Ausnahmsweise gab es heute ein ausgiebiges Frühstück: Neben Kaffee und Baguette standen gekochte Eier, Joghurt und Obst auf dem Tisch.
Und Macarons.
Diese Spezialität hatten wir entdeckt, probiert und nun zum Pflichtbestandteil des Frühstücks erklärt.
Da es Macarons in vielen Farben, vielen verschiedenen Füllungen und Größen gab und deshalb die Auswahl schwer fiel, kauften wir kurzerhand von allen Sorten – es wurde ein riesiger Teller voll!
„Heute nimmst Du wieder Deine Krücken mit!" bat mich Elfi.
„?"
„Hast Du nicht bemerkt, daß uns überall die Türen aufgerissen werden, Platz angeboten wird? Daß man Dich – und uns meist gleich mit – an allen Eingängen vorläßt, wenn sie Deine Krücken sehen?"
„Stimmt! Hier ist jeder sehr aufmerksam und zuvorkommend, wenn jemand Deine Krücken sieht!" ergänzt Gaby.
„Na, gut, aber ich nehme nicht beide, ich nehme nur eine mit, damit ich eine freie Hand habe" bot ich als Kompromiß an.
Mit einer Krücke unter dem Arm starteten wir unser heutiges Touristik-Programm: die Île de Cité.

Es ist oft verwirrend, weil es auch heißt: Paris Île-de-France, damit ist aber der weitläufige Ballungsraum um ganz Paris gemeint.
Wir fuhren bis zum Michel und liefen von dort ein Stückchen.
Die Île de la Cité, früher Lutetia, ist das älteste Viertel von Paris, die eigentliche Keimzelle.
In der Mitte der Pont Neuf stiegen wir die Stufen zur eigentlichen Île hinunter.
Eigentlich war es Zeit für eine Kaffeepause.
Wir entdeckten eine kleine Kneipe in unserer Straße und der Freisitz war leer, wie für uns geschaffen.
Der Kellner, der auch der Eigentümer war, begrüßte uns überaus freundlich.
Als ich sein Gesicht mit dem breiten Grinsen sah, fragte ich ihn, ob er wüßte, daß er wie Garou aussieht (die 60 Köpfe lassen grüßen!).
Er lachte noch mehr. Nein das wußte er nicht, fühlte sich aber sehr geschmeichelt, denn Garou ist in Paris sehr bekannt und beliebt.
Meine nächste Frage, ob er auch Musik macht, mußte er wieder verneinen, aber er hätte im Innenraum ein altes Klavier stehen, auf dem er das Klavierspielen übt.
Ich fragte abschließend, was er denn gerade übt?
„I put a spell on you….."
Das ist wirklich ein Grund, wiederzukommen.

Nach dem obligaten Besuch der Heiligen Kapelle als auch Unserer Dame, die wie immer voll gedrängt war, interessierte uns die kleinste Kirche von Paris: St. Julien le Pauvre, in der auch der Da Vinci Code gedreht wurde, auf der linken Seine-Seite.

Von dem dahinterliegenden Kirchgarten, in dem der älteste Baum von Paris steht, hat man einen wunderbaren Blick auf Notre Dame.
Schälli brauchte eine neue Batterie für ihren Fotoapparat. Hinter der Kirche sah ich eine etwas lebhaftere Straße, in der wir uns ein Geschäft mit solchen Artikeln erhofften.
Wir liefen hinter der Kirche durch einen kleinen Park und kurz vor dem Fußgängerschutzweg stolperten wir wirklich fast über einen Wallace-Brunnen.
Nach dem Fotografieren hätten wir fast vergessen, nach einem Kiosk für Schällis Batterien zu suchen.
Das sind vielleicht erste Alterserscheinungen.
Offiziell schoben wir es natürlich auf unsere Begeisterung für die Brunnen.
Diese scheinen uns also fast um den Verstand zu bringen.
Um Nervennahrung aufzunehmen, kehrten wir im Quartier Latin ein.
Das menu de jour fiel hier und heute etwas kleiner aus, dafür konnten wir mehr Rotwein trinken.
Mit dem Bus fuhren wir anschließend gut gelaunt bis Pyramides, wir waren einfach alle Fuß lahm.
Ich stand nun dort auf dem Boulevard, von dem drei kleinere Straßen abgehen, eine davon führt zu „Belle Epoque", wo wir den heutigen Abend genießen wollten.
Aber welche?
Den Straßennamen hatte ich vergessen, einen Hinweis auf die Lokalität konnte ich nirgends finden.
Also, fragen.
Die erste Person antwortete „Ich weiß es leider nicht".
Die zweite verstand weder französisch noch englisch.
Die dritte Person zuckte nur die Schultern.

Die vierte Person reagierte gar nicht.
„Also, die Franzosen sind doch unfreundlich" bemerkte Barbara etwas genervt.
„Das sehe ich nicht so" erwiderte ich. „Jedes Arrondissement hat 4 Quartiere. Manche Pariser scheinen nie aus ihrem Quartier herausgekommen zu sein. Deshalb darf man sie auch nicht nach Straßennamen oder touristischen Zielen fragen! Der Grund, daß sie nicht antworten, ist nicht, weil sie unfreundlich sind, sondern weil sie es nicht wissen.
Und wer sich diese Blöße nicht geben möchte und unbedingt freundlich sein will, der gibt aus lauter Nächstenliebe schon einmal eine falsche Auskunft.
Denn eigentlich müssen sie ihr Quartier nicht verlassen. Sie wohnen da, die Arbeit ist für viele um die Ecke oder sie finden den Weg zur Metro und wieder zurück, alle notwendigen Geschäfte befinden sich in einem Quartier.
„Die Stadtteile zerfielen weiter, teilten sich wie gesprungenes Sicherheitsglas in Quartiers, in die Dörfer von Paris. Dort lebten die Menschen, dort handelten, feilschten und musizierten sie. Dort warteten sie unter vier Meter hohen Stuckdecken auf einen Tod, der längst eingezogen war. Sie beteten nach Mekka, zum getanzten Himmel zwischen den Häusern oder gar nicht. Die Haut, die sie umspannte, war bleich, gelb und alle Arten von braun. Sie liebten ihr Quartier oder sie haßten es. Gleichgültig waren die wenigsten. Gleichgültigkeit hat Paris nie zugelassen."
(Krinitz, 2007)

Und die meisten Leute, die hier herumlaufen, sind wohl Touristen!" nahm ich die Pariser in Schutz.
Eine junge Frau mit Einkaufsbeutel in der Hand kam auf uns. Das schien eine Einheimische zu sein, dachte ich.

Ich fragte auch sie höflich, aber sie bedauerte, uns keine Auskunft geben zu können.
Wir überlegten gerade, wo wir uns in der Nähe in einer offiziellen Einrichtung nach dem Weg erkundigen könnten, da kam die junge Frau zurückgerannt.
Sie entschuldigte sich nochmals und erklärte dann, sie hatte vergessen, ihr internetfähiges Handy zu befragen.
Nun zeigte sie uns den Weg und fragte, was denn das „Belle Epoque" sei.
„Ich glaube, es ist eines der französischsten Cabarets in Paris. „Lido" ist wie Hollywood, „Moulin Rouge" ist uns zu teuer, aber hier, im „Belle Epoque" findet man viele Einheimische, die sich dort auch mit ihren Familien treffen oder Geburtstag feiern. Auch wenn die Mädels nicht alle die gleiche Brustwarzengröße wie im Lido haben, ist für mich die Atmosphäre hier am gemütlichsten, originalsten" erklärte ich.
Sie wünschte uns einen fröhlichen Abend und wir liefen die paar Meter bis zum Eingang.
Ich freute mich, nach Jahren mal wieder hier zu sein und war neugierig, ob auch alles noch so toll war, wie ich es in Erinnerung hatte oder ob sich etwas geändert hat.
Wir bekamen unsere Plätze zugewiesen, die wohl etwas sehr eng angeordnet waren, aber es sollen ja möglichst viele Menschen bespaßt werden.
Meine Mädels waren dafür sehr überrascht, daß bei dem relativ günstigen Eintrittspreis so ein leckeres Menü und Rotwein eingeschlossen waren.
Das Programm war abwechslungsreich und tempogeladen.
Es wurde nicht mehr, wie in ganz alter Tradition, nur Cancan getanzt, es gibt heutzutage alle möglichen Varianten an Kleinkunst, wie in einem Varieté.

Plötzlich sausten zwei Tänzer von der Bühne durch die Tischreihen, hielten hinter mir, hakten mich unter und schon stand ich auf der Bühne.
Sie hatten wohl meine Krücke nicht gesehen!
Na, das kann ja heiter werden, dachte ich.
Nach einem Titel der Saragossa-Band wurde Limbo getanzt, d.h. immer im Kreis tanzen und in jeder Runde unter einem Stab hindurch, der bei jeder Runde tiefer gelegt wird.
Vor 30 Jahren hätte ich gejauchzt, mitten in Paris auf einer Bühne tanzen zu dürfen, aber nun kam es so, wie es kommen mußte:
ich lag wie ein Maikäfer auf dem Rücken.
Die hübschen jungen Tänzer halfen mir charmant lächelnd auf die Beine und ich versuchte unter dem heftigen Applaus des Publikums, so elegant wie möglich von der Bühne zu verschwinden.
Wenigstens hatte ich die Lacher auf meiner Seite und Gott sei Dank gibt es kein Foto von dieser Aktion.

Das Programm ging abwechslungsreich weiter, in ein paar Minuten war mein großer Auftritt oder besser gesagt - mein großer Hinfall - vergessen.
An den Zwischenrufen konnten wir feststellen, es waren wohl tatsächlich vorwiegend Franzosen unter den Gästen.
Eine Schwedin saß noch an unserem langen Tisch und schräg hinter uns vier Amerikaner.
Ansonsten war es so, wie ich es in Erinnerung hatte.
Also, alles bestens!
Das Programm war zu Ende, wir eilten zur letzten Metro.
Mein Gott, was war das für ein sportlicher Abend!

An diesem, unserem letzten Abend in Paris saßen wir alle in unserem Apartment fröhlich beisammen und reflektierten die Reise.
Wir zückten unsere Fotokameras und zählten die Wallace-Brunnen, die wir in dieser Woche gefunden und fotografiert haben:
21 haben wir gefunden.
Na, das war doch eine tolle Ausbeute! Wir waren überglücklich über diesen Erfolg.
Mir wurde bewußt, daß ich an vielen Stellen, wo sich so ein Brunnen befindet, in den letzten Jahren schon vorbeigelaufen bin, wie so manch anderer Tourist sicher auch, habe die Brunnen aber nie gesehen.
Wahrscheinlich, weil ich nie darauf geachtet habe, weil ich nicht wußte, daß es solche Brunnen gibt, weil ich nur die nächste Sehenswürdigkeit oder den Straßenübergang oder den Eingang zur Metro gesucht habe, weil ich zwischen so vielen Menschen mitgeschoben wurde.
Man achtet auf das nächste Ziel, statt das Naheliegende gründlicher zu beobachten.

„Wißt Ihr eigentlich, wer die Schönste von Paris ist" fragte ich unvermittelt in die Runde.
„Carla Bruni!"
„Die Seine!?"
„Notre Dame?"
„Die kleine königliche Kapelle?"
„Sacre Coeur?"
„Alles falsch. Die Schönste ist die Fontaine Wallace – unser Wallace-Brunnen. Das fand jedenfalls Nikola Obermann in einer Sendung bei ARTE am 12. Juni 2009."

Mit diesem Spruch konnte ich das ganze Thema „Wallace-Brunnen" (zumindest für diesmal) glücklich beenden.

Unser Rotwein neigte sich auch dem Ende.
„Wir müssen ja Unmengen an Rotwein in dieser Woche konsumiert haben?" stellte ich noch eine Frage.
„Was heißt hier WIR? Ich trinke nur Tee!", empörte sich Rosita.
„Und ich trinke, wenn überhaupt, nur ein Bier zum Essen!" schloß sich Elfi an.
„Ich ziehe immer einen Weißwein vor", erklärte Barbara.
„Höchstens an einem Abend habe ich einmal ein Gläschen Rotwein mit Euch getrunken" verkündete Gaby.
Ich schaute Schälli an, sie schaute mich an – uns wurde eben klar gemacht, daß wir zwei offenbar die einzigen Trunkenbolde sind...

Wir standen alle auf, um die letzte Nacht einer wunderschönen Woche in unseren Betten zu verbringen.
Elfi drehte sich in der Tür noch einmal um und fragte:
„Sag mal, wo ist eigentlich diese großartige Kunstsammlung von Richard Wallace, von der Du uns erzählt hast?"
„Im Hertford House."
„Im Hertford House? Wo ist das denn?"
„In London. Ja, da fahren Richard und ich demnächst hin!"

Aber diese Geschichte kennst Du schon...

20. Aufstellorte

Paris
Großes Modell

2. Arrondissement
- 6, Rue Saint Spire, Rue d`Alexandrie

3. Arrondissement
- 113, Boulevard de Sébastopol, Place Chautemps
- 2, Passage du Pont aux biches
- 6, Rue de la corderie, Place Nathalie Lemel

4. Arrondissement
- Place Louis Lépine, bei der Industrie- und Handelskammer
- Place Louis Lépine, beim Hôtel-Dieu
- 7, Boulevard du Palais
- 1, Rue des Rivoli, Rue Saint-Antoine
- 9, Allèe des Justes

5. Arrondissement
- 36, Rue Poliveau, auf der Seite der Rue de l´Essai
- 37, Rue de la Bûcherie (vor Buchladen Shakespeare & Co)
- 22, Rue des Patriarches, Place Bernard-Halpern
- 3, Rue de l`Estrapade, Place Emmanuel Levinas
- 17, Rue Geoffrey Saint Hiliare, Rue Poliveau, Place de l´Émir-Abdelkader

6. Arrondissement
- 2, Place Saint-Germain-des-Prés
- 78, Rue Bonaparte (vor Kirche St. Sulpice)

- 4, Place du 18 juin 1940, am Boulevard Montparnasse
- 57, Quai des Grands Augustins (in Höhe Pont Neuf)
- 24, Rue Vavin, Ecke Rue Bréa
- 9, Place Saint-André-des-Arts
- 53, Rue Notre-Dame-des Champs (in der « Lucernaire »)

8. Arrondissement
- Rue de St-Pétersbourg, Ecke Rue de Turin
- Avenue des Champs-Élysées, (Place de la Concorde Nord)
- Avenue des Champs-Élysées, (Place de la Concorde Süd)
- 82, Avenue Marceau, Ecke Rue Vernet Rue Presbourg

9. Arrondissement
- 4, Place Gustave Toudouze
- 8, Place de Budapest

10. Arrondissement
- 31, Rue Juliette Dodu Ecke Rue de la Grangeaux Belles
- 12, Place Jaques Bonsergent
- 16, Place Robert Desnos

11. Arrondissement
- 168, Rue de la Roquette
- 197, Boulevard Voltaire
- 44, Rue Jean-Pierre Timbaud
- 92, Rue Jean-Pierre Timbaud
- 1, Boulevard Richard Lenoir
- 89, Boulevard Richard Lenoir
- 4, Boulevard de Belleville Höhe Rue Ménilmontant

12. Arrondissement
- 2, Cours de Vincennes, gegenüber dem Boulevard de Picpus
- 82, avenue de Saint-Mandé Ecke Rue du Rendez-vous
- Rue Descos, gegenüber dem Rathaus des 12. Arrondissement
- 2, Rue de Montempoivre, Rue de la Véga
- 122, Rue de Charenton Ecke Boulevard Diderot
- 122, Avenue Daumesnil Ecke Rue Charenton
- 30, Avenue Lamoricière

13. Arrondissement
- 38, Rue de la Butte-aux-cailles Ecke Rue de l'Espérance
- 66, Avenue d'Ivry, vor den Hochhäusern
- 9, Rue des Frères d'Astier-de-la-Vigerie
- 21, Place Louis Armstrong
- 58, Rue Domremy Ecke Rue de Richemont
- 178, Rue Jeanne-d' Arc
- 10, Esplanade Vidal-Naquet
- 4, Rue Jean Anouilh, Ecke Rue Neuve Tolbiac
- 1, Place Pierre Riboulet, Rue Küss
- Place Jean Delay (Rue du Dr. Leray)

14. Arrondissement
- 63, Avenue René Coty Ecke Avenue Reille
- 1, Place Jules Hénaffe, Ecke Rue de la Tombe-Issoire
- 11, Place Edgard Quinet, Ecke Rue de la Gaîté
- Place Denfert Rochereau, Ecke Boulevard Raspail
- 180, Avenue du Maine, Rue Brézin, Place Gilbert-Perroy
- 3, Place de `Abbé-Jean-Lebeuf
- 77, Rue de la Tombe Issoire Ecke Rue Sarette

- 115, Rue de la Tombe-Issoire (Eingang zum Wasserreservat)

15. Arrondissement
    - 1, Place Henri Rollet (Ecke Rue de Vaugirard)
    - 2, Boulevard Pasteur (Ecke Rue Lecourbe und Rue de Sévres)
    - 4, Place de Général Beuret (Ecke Rue Cambronne)
    - 133, Rue de l`Abbé Grault, Place Charles Vallin
    - 26, Rue Peclet, Place Hubert Monmarché (am Rathaus vom XV. Arr.)
    - 35, rue Alain Chartier
    - Rue Vaugelas, dans les Jardins de l`hôpital de Vaugirard
    - Boulevard Lefebvre, dans le Parc des Expositions
    - 14, Rue de Frères Morane
    - Rue de Morillons Ecke Rue Brancion

16. Arrondissement
    - 10, Boulevard Delessert
    - 194, Avenue de Versailles
    - Place Jean Lorrain
    - Rue de l′Annonciation, vor Pfarrei
    - Place Passy

17. Arrondissement
    - 112, Avenue de Villiers, Place du Marèchat Juin
    - Place Aimé Maillard
    - 13, Avenue Niel
    - 12, Boulevard des Batignolles
    - Place Richard Baret (gegenüber dem Rathaus vom XVII. Arr.), Rue Mariotte
    - 75, Place du Dr.-Felix-Lobligois, Place Charles Fillion
    - Place de Levis, Rue Legendre

18. Arrondissement
- Place Émile Goudeau, Rue Berthe
- 42, Boulevard Rochechouart
- Rue Saint-Eleuthère, Ecke Rue Azaïs
- 19, Place des Abbesses
- 28, Rue de la Goutte d´or, Ecke de la Rue de Chartres
- Place Château Rouge Ecke Rue Custine

19. Arrondissement
- 125, Rue Meaux in Höhe Rue du Rhin
- 106, Rue de Meaux
- 51, Avenue Simon Bolivar
- 3, Rue Lally Tollendal Ecke Rue de Meaux
- 19, Boulevard Sérurier in Höhe Passage des Mauxins

20. Arrondissement
- Place Édith Piaf
- 1, Rue Belgrand (gegenüber Rathaus des XX. Arr.)
- 29, Boulevard de Ménilmontant (am Friedhof Père Lachaise)
- 5, Place Maurice Chevalier
- Rue Piat, gegenüber Place de Belleville
- 2, Place Octave Chanute
- Rue Tolain Ecke Rue d´Avron
- 16, Rue de Mûriers Ecke Rue de Partants
- Cour du 21, passage Gambetta
- 66, Rue de Volga

Säulenmodell

16. Arrondissement
- Rue de Rémusat, Ecke Rue de Mirabeau (Place de Barcelone)

17. Arrondissement
- Place Tristan Bernard (Avenue des Ternes)

Kleines Modell

7. Arrondissement
- Place des Invalides

11. Arrondissement
- 32, Boulevard Richard Lenoir
- 74, Boulevard Richard Lenoir

13. Arrondissement
- Place Paul Verlaine

15. Arrondissement
- 59, rue Saint Charles
- 19, Place du Commerce
- 35, Boulevard Pasteur
- 31, Rue Alain Chartier

17. Arrondissement
- 5, Place de Lévis

Einbaumodell

5. Arrondissement
- Intersection Rue Geoffrey Saint Hilaire, Ecke Rue Cuvier

Randzone Paris (Île-de-France)

Agen: Rue Grenouilla Ecke Boulevard de la République

Argenteuil: Rue Paul-Vaillant-Couturier

Bois-Colombes: dans le quartier de Bruyères

Bondy: auf dem Bahnhofsvorplatz

Charenton-le-Pont: Place Henri IV.

Créteil : Allée Max Uphüls (Fußgängerzone)

Garenne-Colombes: Im Parc de l´hôtel de ville, Parc Victor-Roy

Ivry-sur-Seine: Parc Jules Coutant, Place des Alliés

Kremlin-Bicêtre

La Défense: auf der L´esplanade de la Défense

La Varenne-Saint-Hilaire: Place du Marché de Champignol.

Levallois-Perret: In der Cour du 107, Rue Paul Vaillant Couturier

Nogent-sur-Marne: Place du Vieux-Paris, in der Nähe des Pavillon Baltard.

Noisy-le-Grand: Rue Pierre-Brossolette

Poissy: Am Ausgang der RER-Station

Puteaux: An der Verbindung der Rue Richard Wallace und der Rue Eugène Eichenberger

Roissy: L'aéroport -Charles-de-Gaulle, Terminal 2C

Rueil-Malmaison: An der Verbindung der Avenue de la République und der Rue Geneviève Couturier

Saint-Germain-en-Laye: Rue d'Alger

Saint-Ouen: Passage la cour (im ParK)

Saint-Maur des Fossés: Place du marché de champignol

Soisy-sous-Montmorency: Place Sestre

Sucy-en-Brie: Rue du Temple

Versailles: Place Charost

Frankreich

Angers:
- Place de la Laiterie (La Doutre)
- Esplanade de Saint-Maurice

Avignon: Place Costebelle, angrenzend zur Rue Carnot

Besançon: Promenade Granvelle

Bollène: Die Le Vaucluse besitzen zwei Fontaines Wallace (Rue des fontaines Wallace)

Bordeaux:
- Place Porto Riche
- Cours Xavier Amozan
- Place Mitchell
- Place Jaques-Lemoîne
- Place du Stalingrad

(1873 bestellte Daniel Iffla Osiris, ein weiterer Philanthrop, 6 Brunnen für Bordeaux, von denen heute noch 3 übrig sind)
- Place du Général Sarrail
- Jardin de la mairie
- Jardin Public

Bourges:
- Rue Mirabeau
- Place Malus
- Place des Marronniers

Chantilly: Vor dem Place Versepuy

Clément-Ferrand: zwischen Rue du 11 novembre und Place de Jaude

Coursan: Place Auguste Tailhades (2 Brunnen)

Créon: centre culturel

Cuxac-d'Aude: Place Saint-Martin

Dreux: Place Métezeau

Dunkerque: Vor dem Palais du Justice

Hyères: In Le Var, am Anfang der Avenue Godillot (von Norden ausgehend)

La Roche-sur-Yon: In der Mitte der Halles de la ville napoléonienne

La Seyne-sur-Mer: Place Jean Lurçat, Plage des sablettes

Le Mans: Jardin des Plantes, im Jardin Anglais

Lille: Place de Béthune

Lons-le-Saunier: Place de la Comédie

Moulins: im Zentrum

Marseille:
- Près du Palais Longchamp
- In der Verbindung der Rue des Trois Rois und der Rue des Trois Mages
- Allées Gambetta (square du Verdun)
- Square Pierre Aubert (Avenue des Roches)
- Place Jean-Jaurès
- Place Bernard Cadenat

Montpellier:
- Place Saint Denis, gegenüber der Kirche
- Oberhalb der Rue Jules Ferry an der Kreuzung mit der Rue de Verdun

Nancy: Rue des Dames, gegenüber Basilika Saint Epvre

Nantes: (zu Ehren des von Richard Wallace bestimmten Bildhauers Charles Auguste Lebourg wurden 4 Brunnen in dessen Heimatstadt aufgestellt)
- Cours Cambronne
- Jardin des Plantes (2 Brunnen)
- Parc de la Gaudiniére
- Place de la Bourse

Nogent-le-Rotrou: Place Saint-Pol

Orange: ?

Orléans: Rue de Bourgogne

Pau: Ecke Boulevard de la Paix und Avenue de Buros

Périgueux: Place Louis Magne

Perpignan: Place Joseph Bodin de Boismortier

Puteaux : Boulevard Richard Wallace

Reims: Square Ponsardin

Souilly: vor dem Rathaus der kleinsten Gemeinde Frankreichs

Toulon: Place Louis Blanc, am Eingang des Stadtverwaltungsgebäudes

Toulouse:
- Place Saint Georges
- Im Jardin du Grand Rond, le jardin des Plants
- Place Henry Russell
- Place R. Ferrières
- Place du Ravelin
- Place Laganne, vor La galerie du château d'eau
- Rond-point Alain Gazeaud (Ecke Boulevard Deltour und Avenue Balansa - quartier de la Côte pavée)
- Maison de quartier des Sept Deniers (chemin de la Garonne)

Uzès: Place Bellecroix

Vire: Place du beffroi ou Porte-horloge

Réunion

Saint-Denis: Jardin de l'État

Brasilien

Rio de Janeiro: - Praca Dom Romualdo
- Park da Cidade
- Alto da Boa Bista
- Jardin Botanico
- Praca Dom Joao Esberard

Canada

Montreal: (Geschenk der Stadt Paris 1980 anläßlich der Gartenausstellung)
- Auf der Île Notre-Dame, parc des Îles, jardin de la France

Quebec:
- Rue Saint Paul, am Abzweig zur Ruelle Legare
- Verbindung Grande Allee und Rue Cartier

Granby: Im Isabelle Park, Ecke Rue Dufferin und Boulevard Leclerc
(Geschenk von Frankreich 1956 zur «Französischen Woche»)

Deutschland

Burscheid: (1903 als Stiftung von dem Fabrikanten Albert Richartz-Bertram aufgestellt, 1965 nach Verkehrsunfall schwer beschädigt, 2003 restauriert und aufgestellt vom Obst- und Gartenbauverein Burscheid zum 100jährigen Vereinsjubiläum)

Großbritannien

London: Hertford House

Lisburn : zwei Fontainen in der Ville d'Irlande du Nord

Israel

Jerusalem: Place de France

Haifa: Paris Square

Italien

Pontremoli: Südliche Ecke der Piazza Italia

Jordanien

Amman: In Paris Circle, nahe dem French Institut

Macau SAR

- Im Gartede S. Francisco sn der Rua do Campo
- Zwischen Rua do Regedor und Rua Correia da Silva of Taipa Village

Nordirland

Lisburn:
- Castle gardens
- Wallace Park

Mosambique

Maputo: Jardin Tunduru Botanical Gardens

Schweiz

Genf: Parc des Bastians

Zürich: Pestalozzi Park an der Bahnhofsstraße

Spanien

Barcelona: (Geschenke zur Weltausstellung 1888)
- Auf der Rambla in der Nähe des wax museum
- Verbindung der Gran Via de les Corts Catalanes mit der Passeig de Gracia
- Verbindung der Gran Via de les Corts Catalanes mit Marina street

Saint-Sebastian: ?

Ferrol: Reina Sofia Park
(Geschenk von Juan Romero Rodriguez, der ihn zur Weltausstellung 1989 in Paris kaufte)

Uruguay

Montevideo:
- Ecke of Yacare und Perez Castellano, außerhalb des Mercado del Puerto
- Plaza Matriz
- Plaza Zabala
- Plaza Cagancha

- Gegenüber des City Council, an der Ecke von Julio and Ejido
- Plaza de los Treinta y Tres Orientales, gegenüber dem Firemen`Palace neben der Dionisio Diaz statue

USA

New Orleans: Im Latrobe Park entlang der Decatur Street, nahe dem French Market

Westwood (Los Angeles): an der Kinross Avenue, Ecke S. Westwood Boulevard et Broxton Avenue

Privatbesitz: Brigitte Bardot, Maurice Chevalier

(eaudeparis, 2016), (Fontaines_Wallace, 2016), (Wallace fountains, 2016), (Fontaine_Wallace, 2016)

21. Literaturverzeichnis

Bagad de Lann Bihoué. (14. Januar 2016). Von https://fr.wikipedia.org/wiki/Bagad_de_Lann-Bihoué abgerufen
Biermann, W. (1982). *Verdrehte Welt - das seh ich gerne*. Köln: Kiepenheuer & Witsch.
citation/auteur/coluche. (14. Januar 2016). Von http://www.linternaute.com/citation/auteur/coluche/14160/10 abgerufen
eaudeparis. (14. Januar 2016). Von www.eaudeparis.fr/carte-des-fontaines abgerufen
Fontaine_Wallace. (15. Januar 2016). Von http://www.fr.Wikipedia.org/wiki/Fontaine_Wallace abgerufen
Fontaines_Wallace. (15. Januar 2016). Von http://wiki.openstreetmap.org/wiki/WikiProject_France/Fontaines_Wallace abgerufen
History of Phrenology. (15. Januar 2016). Von http://www.historyofphrenology.org.uk abgerufen
Höhn, G. u. (2010). *Auf der Spitze der Welt - Mit Heine durch Paris*. Hamburg: Hoffmann und Campe Verlag.
Howard, P. (2009). *Sir Richard Wallace & The Hertford British Hospital*. Glasgow: The Grimsay Press.
Hughes, P. (1981). *The Founders of the Wallace Collection*. London: The Trustees of the Wallace Collection.
Krinitz, H. (2007). *Faszinierendes Paris*. Würzburg: Verlagshaus Würzburg GmbH & Co. KG.
Les Restos du coeur. (14. Januar 2016). Von http://www.fr.wikipedia.org/wiki/Les_Restos_du_coeur abgerufen
Montebianco, R. (2007). *Sir Richard Wallace*. Paris: Éditions Didier Carpentier.

Paris. (1982). Librairie Larousse.
Perreau, L. (2009). *La Fourtune de Richard Wallace.* Paris: édition Jean-Claude Làttes.
Richard Wallace and the 4th marquess of Hertford. (15. Januar 2016). Von https://traveltoeat.com/richard-wallace-and-the-four-marquess-of-hertford-london/ abgerufen
Staub, H. O. (1985). *Paris.* Luzern: Reich Verlag.
Wallace fountains. (15. Januar 2016). Von http://commons.Wikimedia.org/wiki/category:Wallace fountains abgerufen
Wallacecollection. (15. Januar 2016). Von http://www.wallacecollection.org abgerufen
Wallace-Collection. (14. Januar 2016). Von http://www.wikipedia.org/wiki/wallace_collection abgerufen
YouGov. (2015). Früher waren de Leute höflicher. *Weserkurier*, 1.